CADERNOS DE PROCESSO DO TRABALHO
N. 37

Dedico este Caderno
ao Armando Casimiro Costa Filho, *in memoriam*.

Manoel Antonio Teixeira Filho

Advogado — Juiz aposentado do TRT da 9.ª Região – Fundador da Escola da Associação dos Magistrados do Trabalho do Paraná — Professor Emérito do Centro Universitário de Curitiba (Unicuritiba) – Professor na Escola da Magistratura do Trabalho do Paraná — Membro do Instituto Latinoamericano de Derecho del Trabajo y de la Seguridad Social — do Instituto de Direito Social do Brasil — da *Société Internacionale de Droit du Travail et de la Sécurité Sociale* — do Instituto dos Advogados do Paraná — da Academia Nacional de Direito do Trabalho — da Academia Paranaense de Letras Jurídicas – do Instituto dos Advogados de São Paulo.

CADERNOS DE PROCESSO DO TRABALHO

N. 37

MANDADO DE SEGURANÇA

SEGUNDA PARTE

De acordo com a Lei n. 13.467/2017 (Reforma Trabalhista)

LTr®

LTr Editora Ltda

Rua Jaguaribe, 571
CEP 01224-003
São Paulo, SP — Brasil
Fone (11) 2167-1101
www.ltr.com.br
Junho, 2021

Produção Gráfica e Editoração Eletrônica: PIETRA DIAGRAMAÇÃO
Projeto de capa: DANILO REBELLO
Impressão: META BRASIL

Versão impressa — LTr 6037.7 — ISBN 978-65-5883-045-4
Versão digital — LTr 9782.0 — ISBN 978-65-5883-050-4

Dados Internacionais de Catalogação na Publicação (CIP)

(Câmara Brasileira do Livro, SP, Brasil)

Teixeira Filho, Manoel Antonio

Cadernos de processo do trabalho. n. 37: mandado de segurança: segunda parte/Manoel Antonio Teixeira Filho. – São Paulo: LTr, 2021.

ISBN 978-65-5883-045-0

1. Direito processual do trabalho 2. Direito processual do trabalho – Brasil 3. Mandado de segurança - Brasil I. Título.

21-64572 CDU-347.9:331(81)

Índice para catálogo sistemático:

1. Brasil: Direito processual do trabalho 347.9:331(81)

Cibele Maria Dias - Bibliotecária - CRB-8/9427

SUMÁRIO

CAPÍTULO VI

CONDIÇÕES DA AÇÃO DE SEGURANÇA

1. Comentário

Celso Agrícola Barbi considera condições da ação de segurança: a) a liquidez e a certeza do direito; b) a legitimidade ad causam; e c) o interesse de agir.[1]

Com o respeito que nos merece esse insigne jurista, devemos dizer que discordamos, em parte, da classificação por ele apresentada. As condições indispensáveis ao regular exercício da ação de segurança — como as de qualquer outra ação — compreendem, sob o ponto de vista da legislação vigente em nosso meio: a) a legitimidade *ad causam;* b) o interesse processual (CPC, arts. 17 e 485, VI). Ainda que se possa argumentar, doutrinariamente, *que a possibilidade jurídica do pedido* já não integra o elenco dessas condições, em virtude de Liebman haver reformulado o seu pensamento, no particular, isso não autoriza a incluir-se aí a liquidez e a certeza do pedido.

A existência de direito líquido e certo constitui pressuposto e não condição para o exercício da ação assecuratória. Segue-se que as condições exigidas para o exercitamento da ação em estudo são as previstas no art. 485, VI, do CPC.

Nunca é despiciendo recordar que coube ao notável Enrico Tullio Liebman elaborar a prestigiosa doutrina das condições da ação; a estada desse jurista peninsular em nosso país, nos anos de 1940 a 1946, inspirou, a propósito, o surgimento do que Niceto Alcalá-Zamora viria a denominar, mais tarde, de "Escola Processual de São Paulo" — ou "do Brasil", como indagaram, com razão, Cintra, Grinover e Dinamarco.[2]

Discípulo de Chiovenda, Liebman conhecia, profundamente, as doutrinas italiana e alemã sobre processo, pois, além de grande estudioso do assunto, era Professor titular de direito processual civil na Universidade de Parma. A extraordinária cultura jurídica e a personalidade afável do jovem mestre italiano logo motivaram a que pensadores brasileiros dele se acercassem, ávidos de entrar

(1) Obra cit., p. 77-110.
(2) *Teoria geral do processo.* 8. ed. São Paulo: Revista dos Tribunais, 1986, p. 80.

em contacto com as novas ideias florescentes na Europa. Surgiram, então, as reuniões periódicas na casa de Liebman, em São Paulo. Como relata Cândido R. Dinamarco, "Sob sua orientação segura, os discípulos ganharam asas e alcançaram vôos alcandorados no céu da cultura processualística".(3)

Alfredo Buzaid, um dos discípulos de Liebman, prestou justa homenagem ao mestre ao incorporar ao texto do anteprojeto do atual estatuto processual civil a doutrina das condições da ação. Devemos, todavia, denunciar algumas contradições intransponíveis, no corpo do CPC vigente, entre a teoria liebmaniana "e o uso da linguagem tradicional, que só se adapta bem à tese chiovendiana da ação".(4) Com o intuito, aliás, de eliminar esse antagonismo, Egas Moniz de Aragão redigiu bem fundamentada emenda ao projeto do Código, para harmonizá-lo nesse ponto; tal emenda, apresentada ao Senado pelo Relator Geral, Senador Acioli Neto (sob n. 139), acabou sendo rejeitada sem qualquer justificativa.(5)Examinemos, a seguir, as condições da ação de segurança.

2. Legitimidade para a causa

A legitimidade para a causa (*ad causam*) não se confunde com a legitimidade para o processo (*ad processum*); a primeira concerne ao direito de ação; a segunda, à relação processual. Um menor de 18 anos, p. ex., embora tenha legitimidade para determinada causa, não a tem para figurar na relação jurídica que se estabelece no processo.

A legitimidade *ad causam* tanto pode ser ativa (autor) quanto passiva (réu) e a sua falta conduz ao decreto judicial de carência da ação (CPC, art. 485, VI). A *legitimatio* passiva significa que somente pode integrar a relação processual a pessoa que seja titular da obrigação relativa ao direito invocado pela parte adversa. Essa "pertinência subjetiva da ação", a que alude a doutrina, traduz-se na individualização daquele a quem pertence o interesse de agir e daquele diante do qual é formulada a pretensão. Daí vem que, por princípio, somente os titulares dos interesses em antagonismo se encontram legalmente legitimados para atuar em juízo. Liebman já chamava a atenção para o fato de que a legitimidade corresponde a um "problema de dupla face", pois envolve a pertinência ao autor, no interesse de invocar a tutela jurisdicional, e a pertinência ao réu, no tocante a opor-se, juridicamente, à realização da pretensão *in iudicio deducta*.

---

(3) *Fundamentos do processo civil moderno*. São Paulo: Revista dos Tribunais, 1986, p. 8.

(4) BARBI, Celso Agrícola. *Comentários ao Código de Processo Civil*. vol. I. Rio de Janeiro: Forense, 1981, p. 32.

(5) *Diário do Congresso Nacional*, ed. de 24.11.1972, p. 4.760.

As considerações que acabamos de expender são apropriadas à legitimidade *ad causam* ordinária; na extraordinária, ou anômala, que configura a substituição processual, a lei atribui legitimidade para agir em juízo a quem não é titular do direito material que dá conteúdo à pretensão (CPC, art. 18); impetra-se, em nome próprio, a tutela jurisdicional para a defesa de direitos ou interesses alheios.

2.1. Legitimidade ativa

Em princípio, possui legitimidade para ajuizar ação de segurança (ou para impetrar o mandado correspondente, como se preferir) o titular do direito líquido e certo, lesado ou ameaçado de lesão por ato ilegal ou abusivo de poder praticado por autoridade pública. Sob esse aspecto, podemos dizer que a legitimidade em sede de ação de segurança não difere da que é exigida para o exercício das ações em geral.

A legitimidade para impetrar mandado de segurança é de "qualquer pessoa física ou jurídica" que venha a sofrer lesão de direito líquido e certo ou se encontre na iminência de sofrê-la. Ao aludir a "qualquer pessoa", o caput do art. 1.º da Lei n. 12.016/2009 não deixou margem para a subsistência da dúvida surgida na vigência da revogada Lei n. 1.533/1951, que fazia menção a "alguém" – pronome *indefinido*.

Estabelece, entretanto, o art. 3.º da Lei n. 12.016/2009 que "O titular de direito líquido e certo decorrente de direito, em condições idênticas, de terceiro poderá impetrar mandado de segurança a favor do direito originário, se o seu titular não o fizer, no prazo de 30 (trinta) dias, quando notificado judicialmente". A Lei n. 1.553/1951, em seu art. 3.º, aludia a "prazo razoável", deixando, com isso, margem a muitas controvérsias quanto à definição dessa razoabilidade. O texto atual, mais objetivo, fixa o prazo de trinta dias. Exemplificando: três candidatos são aprovados em concurso para o provimento de cargos de Juiz do Trabalho Substituto, havendo, porém, uma única vaga a ser preenchida, segundo a rigorosa ordem de classificação. Apesar disso, o Presidente do Tribunal nomeia o terceiro candidato aprovado, sem que o primeiro e o segundo houvessem renunciado ao direito de precedência. O primeiro candidato, contudo, não se insurge quanto à nomeação irregular, fazendo com que o segundo, diante disso, se veja obrigado a impetrar mandado de segurança (a favor do direito originário) contra o ato de nomeação do terceiro, sob pena de ser prejudicado em seu direito. Para isso, deverá o segundo candidato promover a notificação judicial do primeiro, a fim de que este exerça o direito de impetrar o *writ*.

O art. 3.º, *caput*, da Lei n. 12.016/2009 revela, pois, um caso de legitimação anômala ou extraordinária, a que a doutrina predominante rotula de substituição processual.

A regra contida nesse dispositivo da Lei n. 12.016/2009 não se confunde com a inscrita no § 3.º do art. 1.º da mesma norma legal, conforme a qual "Quando o direito ameaçado ou violado couber a várias pessoas, qualquer delas poderá requerer o mandado de segurança". O que se tem aqui é uma referência ao litisconsórcio do tipo ativo-facultativo, hipótese em que não haverá necessidade de a ação de segurança ser posta em juízo por todas as pessoas interessadas, bastando que o faça apenas um dos legitimados. Sobre a formação de regimes litisconsorciais em ação de segurança voltaremos a discorrer mais adiante.

O parágrafo único do art. 3.º da Lei n. 12.016/2009 esclarece que o exercício do direito previsto no *caput* fica submetido ao prazo de cento e vinte dias, fixado pelo art. 23 da mesma norma legal. Em rigor, não havia necessidade deste parágrafo, pois, mesmo sem ele, o prazo seria o fixado pelo art. 23. Todavia, uma dúvida poderá tomar de assalto o espírito dos intérpretes do texto em questão. Ocorre que o *caput* alude ao prazo de trinta dias e o parágrafo único afirma que o exercío do direito deve dar-se no prazo de cento e vinte dias. Pergunta-se, então: os trinta dias devem estar compreendidos dentro dos cento e vinte dias, ou somente passarão a ser contados após o exaurimento destes? Além disso, a quem incumbe tomar a iniciativa de notificar, judicialmente, o titular do direito originário para exercer a ação mandamental? Mais duas observações se impõem: a) embora a Lei n. 1.533/1951 também aludisse à notificação judicial do titular do direito originário, tudo sugeria que essa notificação pudesse ser realizada *extrajudicialmente,* por ser menos onerosa e menos formalista; vale dizer, por ser mais rápida. Cumpre à jurisprudência, pois, corrigir essa falha do legislador, admitindo que a notificação possa ser realizada por meio *extrajudicial;* b) a fixação do prazo de trinta dias, feita pelo parágrafo único do art. 3.º, tem laivos de inconstitucionalidade, uma vez que restringe, gravemente, o prazo para o exercício da ação por parte da pessoa ali legitimada.

Não basta, contudo, que a pessoa legitimada nos termos do art. 3.º da Lei n. 12.016/2009 notifique o titular do direito originário; é indispensável que demonstre seu interesse processual (CPC, art. 17) em impetrar mandado de segurança para a defesa de direito próprio, líquido e certo. Com vistas a isso, no instrumento de notificação judicial incumbir-lhe-á, entre outras coisas: a) indicar qual seja o ato coator e, também, b) as consequências prejudiciais que terá de suportar caso o notificado não atue na defesa do direito que a este corresponde. Ainda nesse mesmo instrumento, o notificante deverá alertar o notificado para que impetre o mandado de segurança no prazo de trinta dias, sob pena de ele, notificante, ingressar com a ação mandamental. Os autos da notificação serão entregues ao notificante 48 horas após o pagamento das custas processuais. Os autos da notificação deverão ser juntados à petição inicial da ação de mandado de segurança que o notificante vier a ajuizar. Será com fundamento nessa notificação que o juiz da causa examinará a legitimidade desse impetrante.

Como se percebe, a legitimidade do notificante surgirá com o decurso dos trinta dias assinados ao notificado. Entendemos, todavia, que a despeito da exaustão dos trinta dias, sem que o notificado impetre a segurança, este não decai do direito de impetrar o *mandamus*, exceto se já tenha se exaurido o prazo de cento e vinte dias a que se refere o art. 23 da Lei n. 12.016/2009. Caso isso ocorra, haverá dois mandados de segurança impetrados por pessoas distintas, com o mesmo objeto, o que não constitui nada teratológico, se levarmos em conta que cada uma dessas pessoas estará promovendo a defesa de direito próprio em face de um ato (ou fato) comum.

Ainda dentro do assunto respeitante à legitimidade ativa, devemos lançar algumas considerações sobre o fenômeno jurídico da substituição processual, ou da legitimação anômala.

A Constituição Federal em vigor trouxe a figura do mandado de segurança *coletivo* e atribuiu legitimidade para impetrá-lo: a) aos partidos políticos com representação no Congresso Nacional; e b) às organizações sindicais, às entidades de classe ou associações legalmente constituídas e em funcionamento há pelo menos um ano, em defesa dos interesses de seus membros ou associados (art. 5.º, LXX). A Lei n. 12.016/2009 trata da matéria nos arts. 21 e 22.

Em tais situações, as referidas entidades atuam na qualidade de substitutas processuais dos titulares dos direitos materiais subjetivos, cuja tutela se busca mediante a ação de segurança.

Ao mandado de segurança coletivo dedicaremos capítulo específico, no qual procuraremos investigar os diversos aspectos desse *writ* — que não é, em rigor, um novo instituto e, sim, uma variação do *mandamus* clássico.

Voltemos ao mandado de segurança tradicional (individual) para observar que se o impetrante vier a falecer no curso do processo, não será admissível a habilitação (CPC, arts. 687 a 692) dos seus herdeiros, em virtude da natureza jurídica da ação assecuratória e da correspondente sentença. Cuida-se, pois, de uma ação *intuitu personae.*

Convém lembrar que a legitimidade para o exercício da ação mandamental (ativa, portanto) tanto pode ser de pessoa física como de pessoa jurídica.

O ingresso de litisconsorte ativo, em processo de mandado de segurança, só será admitido se a petição inicial ainda não tiver sido despachada (Lei n. 12.016/2009, art. 10, § 2.º). Com vistas a isso, o legislador buscou preservar o princípio da *estabilização da lide,* de que nos falava o art. 264 do CPC de 1973. A possibilidade de constituição de um regime litisconsorcial ativo *após* a inicial ter sido despachada poderia acarretar consequências tumultuárias do processo, prejudicando, com isso, a indispensável celeridade do procedimento. Além disso, transgrediria o princípio do juiz natural.

Aquele que pretendia ingressar nos autos, na qualidade de litisconsorte ativo, mas já encontrou a inicial despachada poderá, em princípio, impetrar mandado de segurança próprio, cuja inicial deverá, em virtude de prevenção, ser distribuída ao mesmo juiz do outro *mandamus*.

2.2. Legitimidade passiva

A legitimidade para integrar o polo passivo da relação jurídica processual decorrente do exercício da ação de segurança será sempre a autoridade pública praticante de ato que tenha lesado, ou ameace lesar, direito líquido e certo do impetrante (Lei n. 12.016/2009, art. 1.º, *caput*). Equiparam-se, para esse efeito, os representantes ou órgãos de partidos políticos e os administradores de entidades autárquicas, bem como os dirigentes de pessoas jurídicas ou as pessoas naturais no exercício de atribuições do poder público, unicamente no que disser respeito a essas atribuições (art. 1º, § 1.º). O § 1.º do art. 1.º da Lei n. 1.533/1951 utilizava a expressão "consideram-se autoridades", que possuía um sentido algo restritivo e peremptório. Em melhor técnica, o texto atual diz: "equiparam-se às autoridades", dando, com isso, um senso mais amplo à expressão. Tanto é certa esta nossa afirmação, que o § 1.º do art. 1.º da Lei n. 12.016/2009 incluiu no elenco dessas autoridades os representantes ou órgãos de partidos políticos e os dirigentes de pessoas jurídicas, ausentes do texto anterior.

A Súmula n. 627 do STF esclarece que "No mandado de segurança contra a nomeação de magistrado da competência do Presidente da República, este é considerado autoridade coatora, ainda que o fundamento da impetração seja nulidade ocorrida em fase anterior do procedimento".

Outra observação a ser lançada é quanto ao fato de a nova Lei não fazer referência às pessoas "com funções delegadas do Poder Público", que eram referidas na Lei anterior, revogada. Ao aludir às pessoas "no exercício de atribuições do poder público", o art. 1.º, § 1.º, da Lei n. 12.016/2009, a nosso ver, ampliou o rol das pessoas cujos atos podem ser objeto de mandado de segurança. Cumpre rememorar, a propósito, que na vigência da Constituição Federal de 1967 os sindicatos exerciam "funções delegadas de poder público" (art. 166, *caput*).

Não menos importante é o fato de o § 3.º do art. 6.º da Lei n. 12.016/2009 haver esclarecido que se considera autoridade coatora aquela que tenha praticado o ato impugnado *ou* da qual tenha emanado a ordem para a sua prática – ou para a sua abstenção, acrescentamos. Ao contrário do que se possa imaginar, não se cuida, aqui, de *facultatividade*, como parece fazer crer a conjunção *ou*, utilizada na redação do texto legal. Coator, para os efeitos de definir a legitimidade em sede de ação mandamental, não é o simples executor material do ato impugnado, senão que a pessoa que determinou a prática do ato ou a sua abstenção. Sob esse aspecto, é oportuno referir o disposto no art. 1.º, § 2.º, III, da Lei n. 9.748/1999, que regula o processo administrativo no âmbito da Administração Pública Federal, segundo o qual autoridade é "o servidor públco dotado de *poder de decisão*" (destacado no original). Desse modo, impugnar o ato praticado pelo mero executor material da ordem é algo como ignorar que uma imagem formada na superfície de um lago constitui mero reflexo do objeto real.

Em termos processuais, significa dizer que quando a ação mandamental indicar como autoridade coatora o executor do ato material, este poderá alegar a sua ilegitimidade, que, se não for corrigida, acarretará o indeferimentio da petição inicial e a extinção do processo sem pronunciamento sobre o mérito (CPC, arts. 330, II, e 485, I e VI; e, em alguns casos, Lei n. 12.016/2009, art. 10, *caput*). Conquanto o § 4.º do art. 6.º desta última norma legal – que permitia a emenda da inicial para corrigir erro na indicação da autoridade apontada como coatora – tenha sido vetado, mantemos o nosso ponto de vista de que essa emenda poderá ser feita no processo do trabalho, que deve, sempre, preservar os princípios da simplicidade e da celeridade. É preciso recordar que, não raro, a realidade tem conspirado, com sucesso, contra o legislador. A propósito, como ponderava o notável Georges Ripert: "Quando a lei ignora a realidade, a realidade se rebela ignorando a lei". O art. 329, I, do CPC, por sempre prestar bons serviços ao escopo do processo do trabalho, deve ser prestigiado e aplicado também em tema de mandado de segurança.

Embora, como visto, o § 3.º do art. 6.º da Lei n. 12.016/2009 considere autoridade coatora não apenas a que tenha praticado o ato impugnado, mas, quando for o caso, aquela da qual proveio a ordem para a prática (ou abstenção) do ato, parece-nos que subsiste a orientação jurisprudencial cristalizada na seguinte ementa do STF: "105068153 JCF.102 JCF.102.I.D – MANDADO DE SEGURANÇA – RECURSO DE AGRAVO (...) Autoridade coatora é aquela que realiza, concreta e especificamente, certa conduta fundada em instruções revestidas de conteúdo genérico, impessoal e abstrato – Se agentes públicos, civis ou militares, atuando na esfera de sua competência, dão cumprimento a instruções genéricas emanadas de superior hierárquico, causando, assim, com esse ato de execução, ofensa a direito líquido e certo, qualificam-se como autoridades coatoras para efeito de impetração de mandado de segurança. É que autoridade coatora, em tal contexto, é aquela que, em estrita observância do comando normativo, vem a concretizar as regras gerais, impessoais e abstratas editadas pelo superior hierárquico, dando-lhes exequibilidade e fazendo-as incidir sobre determinada situação individual. Doutrina. Precedentes". (STF – MS-AgR 22536-DF – TP – Rel. Min. Celso de Mello – DJU 19.12.2006 – p. 35)

No particularismo da terminologia jurídica, *autoridade* (do latim *auctoritas*) é o poder legalmente concedido a determinada pessoa, para, em virtude do seu estado ou situação, decidir, ordenar, comandar, exercer, enfim, as atribuições inerentes ao seu cargo. Autoridade pública é o órgão do poder público que tem a faculdade de decidir; é o poder ou a fração de poder público que a lei comete a certas pessoas, em função de seu estado ou situação dentro da organização estatal, que compreende a União, os Estados, o Distrito Federal, os Municípios, a administração pública direta e indireta e as fundações (CF, art. 37, *caput*).

Como demonstramos anteriormente, a Lei n. 12.016/2009 (art. 1.º, § 1.º) equipara à autoridade os representantes ou órgãos dos partidos políticos, os administradores das entidades autárquicas, os dirigentes de pessoas jurídicas ou as naturais no exercício de atribuições do poder público, no que disserem respeito a essas atribuições.

Agente é a pessoa física que atua em nome da pessoa jurídica de direito público ou de direito privado; essa atuação se faz mediante *atribuições*: a) que lhe são diretamente concedidas; b) que são inerentes ao cargo por ele ocupado; c) que são próprias dos órgãos integrantes da estrutura da pessoa jurídica, cujas funções ele desempenha.(6)

Para os efeitos do mandado de segurança, devemos observar que a pessoa jurídica pode ser pública (União, Estado membro, Distrito Federal, Município ou autarquia) ou privada, contanto que no exercício de atribuições do poder público. A atual Constituição da República, ao estabelecer que "Incumbe ao Poder Público, na forma da lei, diretamente ou sob regime de concessão ou permissão, sempre através de licitação, a prestação de serviços público" (art. 175), deixa evidente a possibilidade de o poder público delegar funções ou atribuições, hipótese em que se o agente da pessoa jurídica, no exercício de funções delegadas, praticar ato que viole ou ameace violar direito líquido e certo do indivíduo, este poderá fazer uso do mandado de segurança para restaurar o direito ou afastar o risco de lesão. Dentro dessa linha de argumentação, é oportuno observar que a própria Lei n. 12.016/2009 considera autoridade coatora "aquela que tenha praticado o ato impugnado ou da qual emane a ordem para a sua prática" (art. 6.º, § 3.º). Embora não tenhamos, aqui, a figura jurídico-administrativa da delegação de atribuições, revela-se como autoridade coatora não a que praticou o ato impugnável, e sim aquela que determinou a prática do ato.

Em diversos dispositivos constitucionais são encontrados casos de delegação (de poderes ou de serviços), como, *v.g.*, no art. 197 (serviços de saúde); 208 (de educação); 216, § 1.º (proteção do patrimônio cultural brasileiro); 217, § 3.º (incentivo ao lazer); 223 (serviço de radiodifusão); 227 (assistência à infância); 236 (serviços notariais e de registro) etc.

Como o sujeito passivo na relação processual existente na ação de segurança é a autoridade pública, que tenha praticado o ato lesivo ou molestador de direito, fica vetado, em princípio, o uso do *mandamus* em relação à pessoa jurídica

---

(6) PACHECO, José da Silva. *O mandado de segurança e outras ações constitucionais típicas*. São Paulo: Revista dos Tribunais, 1990, p. 125.

de direito privado. É o caso, digamos, dos hospitais: estes, ainda que declarados de utilidade pública, são entidades de direito privado, motivo por que os atos de seus diretores não podem ser considerados de autoridade pública.

Na lição de Hely Lopes Meirelles, "Necessário se torna distinguir os atos praticados com autoridade decorrente de delegação dos atos realizados no interesse interno e particular do estabelecimento, da empresa ou da instituição. Aqueles podem ser atacados por mandado de segurança; estes, não. Assim, quando o diretor de uma escola particular nega ilegalmente uma matrícula, ou a instituição bancária rejeita ilegitimamente uma operação de crédito, ou a empresa comete uma ilegalidade no desempenho da atribuição delegada, cabe mandado de segurança. Mas quando tais entidades, por seus dirigentes, realizam atividade civil ou comercial estranha à delegação, respondem perante a Justiça como particulares desvestidos de autoridade pública, e por isso só se sujeitam às ações comuns, excluído o *mandamus*. Tal é o caso de uma escola, de um banco, de uma sociedade de economia mista, ou de empresa pública que pratica um ato ou celebra um contrato de direito privado, no mesmo plano dos particulares e sem qualquer privilégio administrativo".[7]De acordo com a orientação jurisprudencial compendiada pela Súmula n. 510 do Supremo Tribunal Federal, "Praticado o ato por autoridade, no exercício de competência delegada, contra ela cabe o mandado de segurança ou a medida judicial"; todavia, se se tratar de empresa pública estadual, constituída em pessoa jurídica de direito privado, agindo por delegação do Poder Público Federal, o mandado de segurança deverá ser impetrado à Justiça Federal, pois aquela empresa se apresenta, para os efeitos da ação de segurança, como autoridade pública federal. Uma coisa, portanto, é a legitimidade *ad causam* (STF, Súmula n. 510) e outra, a competência para apreciar a ação assecuratória de direito líquido e certo.

Se a autoridade executora da lei houver agido de maneira contrária a esta, é elementar que coatora será essa autoridade, pois foi o seu ato que lesou direito líquido e certo do impetrante; na hipótese de a autoridade aplicar corretamente lei inconstitucional, será coatora essa mesma autoridade e não o órgão ou Poder elaborador da norma legal. Caso o ato violador de direito tenha sido praticado em consonância com regulamento, instrução, portaria etc., o mandado de segurança deverá ser impetrado contra o ato da autoridade que aplicou esses atos normativos e não contra o elaborador deles. É que, na espécie, a lesão do direito decorreu não do regulamento, da instrução ou da portaria, e sim de ato da autoridade que os aplicou.

Sendo o ato praticado por autoridade, em cumprimento a determinação de outra, hierarquicamente superior, coatora será esta e não aquela. Por outros

---

(7) *Obra cit.*, p. 26.

termos, coatora será a que ordenou a realização do ato e não a que, simplesmente, cumpriu essa ordem. Dispõe a esse respeito o § 3.º do art. 6.º da Lei n. 12.016/2009: "*Considera-se autoridade coatora aquela que tenha praticado o ato impugnado ou da qual emane a ordem para a sua prática*" (destacamos). Se, por exemplo, o oficial de justiça, no estrito cumprimento de mandado executório, procede ao arrombamento do prédio do devedor, para efeito de penhora dos bens que lá se encontram, o devedor, entendendo ter ocorrido violação de direito líquido e certo, poderá impetrar o *mandamus*, cuja autoridade coatora será o juiz que determinou o arrombamento e a penhora, nunca o oficial de justiça, mero executor dessa ordem. Diversa será a solução, todavia, se o oficial de justiça agir em desacordo com o mandado judicial, vale dizer, de maneira arbitrária: aqui, o mandado de segurança deverá ser impetrado contra o ato desse auxiliar do juízo e não contra o ato do juiz, que a nenhum direito violou.

Como bem argumenta Rodolfo de Camargo Mancuso, "autoridade coatora pode ser o agente que praticou o ato ou a omissão (...), mas, não necessariamente: haverá casos em que esse agente será mero executor material de ordem emanada de superior hierárquico. Como funcionário subalterno, ele não participou do processo de tomada de decisão, não pode questionar a decisão tomada, não pode, *sponte sua*, reformá-la ou negar-lhe aplicação de sorte que não pode ser equiparado à autoridade coatora, em eventual mandado de segurança; e isso, *brevitatis causa*, porque, em essência, não é dele a coação" (destaques no original; *RePro* 44, p. 74).

Por outras palavras, em concreto, a definição de quem seja a autoridade coatora, para efeito de impetração de mandado de segurança, exigirá que o interessado saiba separar, entre si, as figuras do proferidor da decisão e do mero executor. A legitimidade passiva é apenas do primeiro. Se o escopo da ação de mandado de segurança é promover a defesa de direito líquido e certo, lesado ou na iminência de sê-lo, e, para isso, há necessidade de que se dirija a pretensão à pessoa responsável pela lesão ou pela ameaça, é evidente que essa pessoa é a que ordenou a prática do ato contra o qual se rebela o impetrante ou se absteve de praticá-lo, quando o contrário deveria ter feito. Coatora, pois, é a autoridade dotada de *poder de decisão*, e não o simples executor material do que foi decidido.

Tratando-se de ato materialmente administrativo, dissimulado sob a forma de lei, regulamento, portaria etc., autoaplicável, e que independa de executor, autoridade coatora será a que produziu o ato, seja esta do Poder Legislativo ou do Poder Executivo.

Os pareceres emitidos por autoridade pública, ou por esta encomendados, entretanto, não podem ser objeto de mandado de segurança, pois são destituídos de força vinculante, equivale a afirmar, a nada e a ninguém obrigam.

Certo segmento da doutrina vem sustentando que a autoridade coatora atua como substituta processual da pessoa jurídica de direito público (eventualmente, também as de direito privado, como os estabelecimentos de ensino superior). José Ignácio Botelho de Mesquita é um dos integrantes dessa corrente de opinião: "Na relação jurídica processual, o sujeito passivo é a autoridade coatora. Mas, na lide, no conflito de interesses, nem sempre, e, aliás, na maioria dos casos, não é sujeito passivo a autoridade coatora. Segundo a distinção que Carnelutti faz entre sujeitos da lide e sujeitos do processo, verificamos que o sujeito da lide no mandado de segurança não é o mesmo que o sujeito do processo. Sujeito da lide é sempre a pessoa jurídica de direito público interessada e sujeito do processo é a autoridade coatora. Há uma exceção, naturalmente, quando o mandado de segurança é impetrado contra ato de autarquia. Nessa hipótese, então, verifica-se uma identidade entre os sujeitos da lide e os sujeitos do processo, mas esse não é o caso mais importante do mandado de segurança, nem é o caso que surge com maior frequência. Para explicar essa diferença que existe entre sujeito passivo do processo e sujeito passivo da lide no mandado de segurança, formularam-se algumas teorias, das quais me parece digna de nota a do Prof. Luís Eulálio de Bueno Vidigal. Para ele existe uma figura de substituição processual e, também, de litisconsórcio necessário. Para Luís Eulálio Vidigal, a autoridade coatora comparece no processo de mandado de segurança em nome próprio, mas defendendo direito alheio, ou seja, defendendo interesse da entidade pública à qual ela presta serviços, em nome de quem ela atuou, praticando o ato quem está sendo impugnado porque ilegal, porque praticado com abuso de poder".(8)

Acrescentam outros autores que a tese segundo a qual a autoridade coatora age na qualidade de substituta processual da pessoa jurídica de direito público permite resolver importantes questões processuais: "Primeiramente, é de ver-se que a sentença contra o substituto processual atinge o substituído. De outra parte, nada impede que a pessoa jurídica ingresse no processo como litisconsorte da autoridade coatora. Aliás, há caso em que a autoridade coatora pode-se confundir com o próprio representante do ente público; é o caso dos Prefeitos. Isso não se dá quanto aos Chefes dos Executivos federal e estaduais, pois estes não representam em Juízo as entidades que governam; quem as representa são os seus procuradores (CPC, art. 12, I)".(9)

A despeito de todos esses argumentos, divergimos dos escritores que veem na atuação da autoridade coatora um caso típico de substituição processual, esse

(8) Revista dos Tribunais, 418-423.

(9) RIBEIRO, Antônio de Pádua. Mandado de segurança: alguns aspectos atuais. *Mandados de segurança e de injunção*. São Paulo: Saraiva, 1990, p. 152. A referência, agora, é ao art. 75, I, do CPC de 2015.

fenômeno jurídico estudado, pioneiramente, por Kõhler, e cuja denominação foi dada por Chiovenda.

Sem que nos mova o propósito de criar polêmica estéril, aliás, devemos dizer que o fenômeno a que temos chamado de substituição processual traduz, na verdade, mero mandato legal *ad litem*, pois na substituição processual genuína a existência do direito do substituto está condicionada à existência do direito material do substituído. No caso do mandado de segurança e das demais ações em que não haja coincidência entre os sujeitos da relação processual e os da relação material controvertida, só se pode falar, verdadeiramente, de uma *falsa* substituição, ou de uma *aparente* substituição, exceto se anatematizarmos as bases históricas em que se apoia esse fenômeno jurídico-processual.

Seja como for, não nos parece haver substituição processual no polo passivo da relação jurídica que se constitui em sede de ação de segurança. A autoridade dita coatora atua nesse processo defendendo, em nome próprio, interesse também próprio, pois o que ela faz, ao prestar as informações de que cogita o art. 7.º, I, da Lei n. 12.016/2009, nada mais é do que defender o ato que praticou, ou justificar a omissão alegada pelo impetrante. Numa ação trabalhista, em que o juiz haja, mediante ato ilegal ou abusivo de poder, indeferido a produção de prova a que tinha direito líquido e certo a parte, vindo esta a impetrar mandado de segurança, perante o tribunal competente, o que será objeto de conhecimento, na ação de segurança, será, exclusivamente, o ato praticado pelo juiz na ação trabalhista. O juiz atua na qualidade de órgão do Poder Judiciário, ou melhor, como integrante de órgão da Justiça do Trabalho (CF, art. 111, III), razão por que o processo se desenvolve perante o mencionado órgão (Vara do Trabalho); no processo relativo ao mandado de segurança, todavia, a relação processual, no exemplo mencionado, está circunscrita ao impetrante e ao magistrado, monocraticamente considerado. Este, como dissemos, agirá aí em nome próprio, defendendo ato que praticou (na ação trabalhista). Seria desarrazoado imaginar que o juiz, aqui, devesse agir na qualidade de substituto processual. Substituto de quem? Do Poder a que está vinculado? Certamente que não. A ninguém ou a nada o juiz substitui quando, em ação de segurança, é apontado como autoridade coatora.

Ademais, na substituição processual pressupõe-se que o substituído (= titular do direito material subjetivo *in iudicio deducta*) possa promover, pessoalmente (= em nome próprio), a defesa do direito de que é titular; ora, que "direito próprio" haveria para ser defendido pela Justiça do Trabalho (no exemplo referido), ou pela pessoa jurídica de direito público, em geral, na ação de segurança ajuizada em virtude de ato praticado por autoridade pública? Seguramente, nenhum.

Logo, a legitimidade da autoridade pública, apontada como coatora, em tema de mandado de segurança, é ordinária e não extraordinária ou anômala — significando, as duas últimas, a presença do fenômeno da substituição processual.

A salientar-se a declaração contida no art. 2.º da Lei n. 12.016/2009 de que se considera federal a autoridade coatora se as consequências de natureza patrimonial do ato contra o qual se impetra o *mandamus* houverem de ser suportadas pela União ou entidade por ela controlada.

Estabelecia o § 4.º do art. 6.º da Lei n. 12.016/2009 que quando a autoridade indicada como coatora suscitasse a sua ilegitimidade, o impetrante poderia emendar a inicial no prazo de dez dias, respeitado o prazo decadencial. Este dispositivo, contudo, foi vetado pelo Presidente da Repúblca, que argumentou: "A redação conferida ao dispositivo durante o trâmite legislativo permite a interpretação de que devem ser efetuadas no correr do prazo decadencial de 120 dias eventuais emendas à petição inicial com vistas a corrigir a autoridade impetrada. Tal entendimento prejudica a utilização do remédio constitucional, em especial, ao se considerar que a autoridade responsável pelo ato ou omissão impugnados nem sempre é evidente ao cidadão comum". Não concordamos, *data venia*, com as razões do veto. Parece-nos que a possibilidade de o impetrante corrigir a indicação da autoridade coatora atendia ao interesse daquele. Sabemos que, em alguns casos, o impetrante não sabe ao certo qual seja a autoridade que está a coagir um seu direito líquido e certo, motivo por que acaba por dirigir a petição à autoridade diversa daquela que deveria constar nessa qualidade. Destarte, nada mais elogiável do que se permitir ao impetrante emendar a inicial, para corrigir a indicação dessa autoridade. Note-se que essa emenda deveria ocorrer dentro do prazo decadencial de cento e vinte dias, a que se refere o art. 23 da Lei n. 12.016/2009. Assim, ao contrário do afirmado no veto, a possibilidade de emenda à inicial não prejudicaria "a utilização do remédio constitucional". Alías, há uma incongruência manifesta no veto, pois reconhece que "a autoridade responsável pelo ato ou omissão impugnados nem sempre é evidente ao cidadão comum". Ora, justamente por isso é que se deveria permitir a emenda à inicial. Desse modo, paradoxalmente, o argumento utilizado no veto é o que sustentava a existência do texto legal e sua manutenção. Ademais, se o art. 329 do CPC permite a modificação do próprio pedido ou da causa de pedir (até citação, ou até o saneamento do processo, com a anuência deste), por mais forte razão se deveria consentir, em sede de ação de mandado de segurança, a simples retificação da autoridade apontada como coatora. A despeito do veto presidencial, estamos serenamente convencidos de que a jurisprudência – especialmente a trabalhista – bem fará se permitir essa retificação. A não ser assim, qual seria a solução: indeferir a petição inicial e extinguir o processo sem exame do mérito? E se, quando do indeferimento, já houver decorrido o prazo decadencial de cento e vinte dias para a impetração do *mandamus*? Não são raros os casos em que a jurisprudência corrigiu equívocos do legislador; já é hora de corrigir, também, as cincadas de quem tem o poder de vetar disposições legais.

No capítulo seguinte (VII), concernente aos pressupostos processuais na ação de segurança, retomaremos o assunto da legitimidade passiva, para examinar, detidamente, os casos em que o ato ilegal ou abusivo de poder é praticado por autoridade pública ligada aos Poderes: a) Executivo; b) Legislativo; ou c) Judiciário.

Por enquanto, faz-se de fundamental importância uma análise da formação de regimes litisconsorciais na ação de segurança.

A separação do litisconsórcio em classes variará segundo o critério que, para isso, se adote. Assim, se levarmos em conta:

1) o momento da constituição do regime, teremos: 1.1) o litisconsórcio originário (ou inicial), que nasce na própria petição inicial, ou no instrumento de resposta do réu; e 1.2) o superveniente, que se constitui após o ingresso da inicial em juízo;

2) a exigência, ou não, de formação do regime: 2.1) litisconsórcio necessário (ou indispensável), que não pode ser evitado, ainda que todos os interessados assim queiram. Nessa modalidade, é absolutamente imprescindível a citação de todas as pessoas vinculadas à relação jurídica, sob pena de ineficácia da sentença; 2.2) litisconsórcio facultativo (ou dispensável), que pode ser formado, ou não, de acordo com a exclusiva vontade dos litigantes, pois a sua existência não acarretará nenhuma repercussão prejudicial no provimento da jurisdição;

3) a posição das partes, no plano de direito material: 3.1) litisconsórcio simples, quando a causa puder ser decidida de maneira diversa, quanto a cada litisconsorte; e 3.2) litisconsórcio unitário, quando a lide deva ser solucionada de modo uniforme para todos os compartes;

4) a posição das partes na relação processual: 4.1) litisconsórcio ativo, havendo mais de um autor; 4.2) litisconsórcio passivo, havendo mais de um réu; e 4.3) litisconsórcio misto, havendo mais de um autor e mais de um réu.

O § 3.º do art. 1º da Lei n. 12.016/2009 insinua a possibilidade de formação de regime litisconsorcial em ação de segurança ao estatuir que "Quando o direito ameaçado ou violado couber a várias pessoas, qualquer delas poderá requerer o mandado de segurança". O art. 10, § 2.º, da mesma Lei adverte que o ingresso do litisconsorte ativo não será admitido após o despacho da petição inicial. O art. 24 manda aplicar ao processo de mandado de segurança os arts. 46 a 49 do CPC, que regulam o litisconsórcio. Essa remissão, agora, deve ser entendida como sendo aos arts. 113 e 118 do CPC de 2015.

Como a Lei n. 12.016/2009 ordena a aplicação ao processo de mandado de segurança das normas do diploma processual civil regentes do litisconsórcio, impõe-se o exame crítico de algumas dessas normas.

2.3. Mandado de segurança e litisconsórcio

O CPC define assim os regimes litisconsorciais dos tipos *necessário* e *unitário*:

Art. 114. O litisconsórcio será necessário por disposição de lei ou quando, pela natureza da relação jurídica controvertida, a eficácia da sentença depender da citação de todos que devam ser litisconsortes.

O art. 47 do CPC de 1973 declarava que haveria litisconsórcio necessário quando, por disposição de lei ou da natureza da relação jurídica, o juiz tivesse de decidir a lide de maneira uniforme para todas as partes. Sempre criticamos essa definição legal, que confundia o litisconsórcio necessário com o unitário. Toda vez que a decisão deva ser uniforme para os compartes, estaremos diante de regime litisconsorcial do tipo unitário; será necessário quando todas as pessoas vinculadas à mesma relação jurídica material devam ser citadas para integrar a relação processual.

O texto atual afirma ser necessário o litisconsórcio: a) por disposição de lei; ou b) quando, pela natureza da relação jurídica controvertida, a eficácia da sentença depender da citação de todos que devam ser litisconsortes.

Continua atual o que escrevemos em outro livro: "Será necessário o litisconsórcio que não puder ser dispensado, mesmo que todos os interessados concordem com a dispensa. É, portanto, irrecusável. Assim se dá porque se torna absolutamente imprescindível que todas as pessoas vinculadas à relação jurídica material submetida à apreciação jurisdicional sejam citadas, a fim de integrarem a relação processual. Se tais pessoas comparecerão a juízo, ou não, é algo que não tornará nulo o processo, pois, como se afirmou, o que se exige é que sejam citadas".[10] Art. 116. O litisconsórcio será unitário quando, pela natureza da relação jurídica, o juiz tiver de decidir o mérito de modo uniforme para todos os litisconsortes.

O tema era tratado na primeira parte do art. 47 do CPC revogado. Na verdade, este Código incidiu no equívoco de conceituar o litisconsórcio *unitário* como sendo o *necessário.*

Um litisconsórcio é *unitário* quando o mérito tiver de ser decidido de maneira uniforme para todos os compartes.

Mutatis mutandis, é o que consta do texto atual, *sub examen:* será unitário quando a situação jurídica submetida à apreciação judicial tiver de receber solução jurisdicional uniforme.

---

(10) *Curso de direito processual do trabalho*: processo de conhecimento. vol. I. São Paulo: LTr Editora, 2009, p. 264.

2.3.1. *Litisconsórcio ativo*

Se o direito líquido e certo, lesado ou ameaçado de lesão por ato ou omissão de autoridade pública, praticado com ilegalidade ou abuso de poder, couber a diversas pessoas, qualquer delas poderá fazer uso da ação de segurança, como prevê o art. 1.º, § 3.º, da Lei n. 12.016/2009. Caso, porém, mais de uma dessas pessoas decida impetrar o *mandamus*, teremos um regime litisconsorcial ativo, originário e facultativo. *Ativo*, porque caracterizado pela presença de uma cumulação subjetiva no polo ativo da relação processual; *originário*, porque o litisconsórcio foi constituído já na petição inicial; *facultativo*, porque, em princípio, não se admite litisconsórcio ativo necessário, em ação de segurança, pois isso significaria fazer com que a parte tivesse de demandar em juízo contra a sua vontade.

Nada obsta, entretanto, a que o litisconsórcio ativo seja do tipo superveniente, bastando que a sua formação ocorra posteriormente ao ajuizamento da petição inicial. Superveniente mas *facultativo*, pois, como dissemos, o *necessário* não tem lugar na ação de segurança. Não se ignore, todavia, a regra contida no § 2.º do art. 10 da Lei n. 12.016/2009: "O ingresso do litisconsorte ativo não será admitido após o despacho da petição inicial".

O regime litisconsorcial *ativo* (originário ou superveniente) poderá ser *unitário* ou *simples*, conforme os efeitos da decisão tenham de projetar-se com ou sem uniformidade na esfera jurídica das pessoas consorciadas na lide.

O litisconsórcio *ativo*, todavia, não se confunde com o mandado de segurança coletivo, de que fala o art 5.º, LXX, da Constituição Federal. Enquanto naquele os titulares dos direitos subjetivos materiais lesados ou ameaçados de lesão devem ser individualizados (máxime porque o litisconsórcio pode ser *simples*), neste os direitos respeitam a um grupo, a uma categoria, a uma classe, cujos integrantes devem ser apenas nominados pelo sindicato-autor. Os direitos ou os interesses que devam ser defendidos por essa espécie de *mandamus* se referem "aos fins institucionais dos grupos, transcendendo à multiplicidade de seus componentes. Resultante do vínculo associativo, ou, com mais precisão, da *affectio societatis* sintoniza-se com os fins próprios da associação. Expressa um conteúdo distinto tanto dos interesses individuais quanto dos interesses públicos".(11)Para resumir: no regime litisconsorcial *ativo*, em ação de segurança, os compartes, como titulares de direito líquido e certo, são subjetivamente identificados, ao passo que no mandado de segurança coletivo não há essa individualização de pessoas, mas simples referência nominal, pois o direito pertence ao grupo, à associação, à coletividade, com abstração dos seus integrantes.

---

(11) PRADO, Péricles. *Conceito de interesses difusos*. 2. ed. São Paulo: Revista dos Tribunais, 1987, p. 18.

É exatamente por isso que no litisconsórcio *ativo*, embora haja multiplicidade de autores, a ação não deixa de ser individual — em contraposição à coletiva.

Linhas atrás, afirmamos que o regime litisconsorcial *ativo* pode ser não só originário como superveniente. É recomendável retomarmos ao assunto, para examinar até que momento essa espécie de litisconsórcio pode ser constituída.

A Lei n. 1.533/1951 era omissa no tocante à fixação do momento final para o ingresso de outras pessoas no polo ativo da relação processual, em ação de segurança. Por esse motivo, argumentamos, em edições anteriores deste livro, que esse ingresso somente poderia ser aceito se a autoridade apontada como coatora não houvesse, ainda, sido notificada para prestar informações acerca de seu ato, contra o qual se dirige o *mandamus*. Nosso parecer se baseava no que chamamos de *princípio da definição subjetiva da lide*, fronteiriço ao da *estabilização da lide*, embutido nos arts. 41 e 264 do CPC de 1973, atinente este à substituição das partes no *curso do processo*.

E prosseguíamos: Se não fixarmos como momento final para a constituição do litisconsórcio ativo a notificação da autoridade apontada como coatora, estaremos permitindo, de maneira imprudente, a formação desse regime mesmo depois de notificada aquela autoridade, hipótese em que se teria de reabrir-lhe o prazo, com graves inconvenientes para a celeridade que deve marcar o processo de mandado de segurança. A não reabertura do prazo haveria de trazer inevitáveis prejuízos, de ordem processual, à autoridade pública, sabendo-se que a parte que ingressou posteriormente na causa poderia não só aduzir outros argumentos como juntar documentos, que, dessa forma, ficariam sem ser apreciados pela autoridade, em perigosa ruptura do princípio constitucional da ampla defesa (art. 5.º, LV), do qual o contraditório representa a espécie mais destacada.

Posteriormente, a Lei n. 1.533/1951 foi revogada pela de n. 12.016/2009, cujo art. 10 dispõe, no § 2.º, que "O ingresso de litisconsorte ativo não será admitido após o despacho da petição inicial". Como se nota, o legislador da atualidade fixou o momento final para o ingresso de alguém no polo ativo da relação processual, em tema de ação de mandado de segurança: antes de a inicial ser despachada pelo juiz. Havíamos sugerido que esse limite cessasse com a notificação da autoridade coatora para apresentar informações. Seja como for, o fato é que, agora, temos uma definição legal a esse respeito. Parece-nos, aliás, que o fato de o legislador haver fixado como limite final para o ingresso do litisconsorte ativo o período anterior ao despacho decorreu de sua preocupação em evitar certos incidentes que só fariam prejudicar a necessária celeridade do procedimento se esse ingresso fosse possível além desse limite. Ademais, buscou-se preservar o princípio do juiz natural.

Seria admissível a *assistência* em ação de segurança? Estranhamente, a doutrina não tem manifestado maiores interesses pelo tema, que é de considerável importância prática.

A Lei n. 12.016/2009 parece repelir essa possibilidade, pois o seu art. 24 autoriza a aplicação à ação de mandado de segurança (apenas) dos arts. 46 a 49 do CPC de 1973 (arts. 113 a 118 do CPC de 2015), que tratam de litisconsórcio. A assistência é regida pelos arts. 119 a 124 deste último Código. Entendemos, contudo, ser possível a admissão da assistência em mandado de segurança – com as restrições que apresentaremos a seguir.

Para já, devemos esclarecer que não admitimos a assistência *simples* (CPC, art. 121) nesse tipo de ação, por, quando menos, dois motivos: a) a natureza do direito invocado (líquido e certo) pelo impetrante reclama tutela urgente (inclusive, mediante concessão de liminar), razão por que se torna fundamental que o curso do processo não seja embaraçado, ou mesmo sobrestado, pelo ingresso de outras pessoas no polo ativo da relação; b) na assistência simples não está em jogo direito do assistente, mas do assistido. Aquele tem mero interesse em que a sentença seja favorável a este. O interesse, é certo, há de ser *jurídico* (TST, Súmula n. 82). Como o assistente não é titular da relação jurídica material controvertida, ele atua na qualidade de simples auxiliar ou coadjuvante do assistido. Só este é parte no processo.

Diverso, contudo, é o nosso pensamento quanto à assistência *litisconsorcial* (qualificada, autônoma), pois aqui a sentença pode influir na relação jurídica entre o assistente e o adversário do assistido (CPC, art. 124). O assistente litisconsorcial, em virtude de ser titular de relação jurídica existente com a autoridade coatora, ou com a pessoa jurídica de direito público em nome da qual praticou o ato impugnado, tem um interesse de agir na causa muito superior ao do mero assistente simples (*ad adiuvandum*), daí decorrendo a razão de a lei haver-lhe atribuído o *status* processual de litisconsorte, dotando-o de poderes necessários à defesa do direito próprio, líquido e certo, que poderá ser afetado pelo ato da autoridade pública.

O assistente litisconsorcial, entretanto, não é parte, no sentido formal do vocábulo, porquanto não pode formular *pedidos* (CPC, arts. 322 e 324), mas, tão só, *requerimentos*. Essa particularidade é que o desassemelha do litisconsorte típico.

Ao contrário do litisconsorte, o assistente litisconsorcial poderá intervir no processo em qualquer tempo e grau de jurisdição (desde que não tenha passado em julgado a sentença ou o acórdão), recebendo o processo no estado em que se encontre (CPC, art. 119, parágrafo único).

A propósito, entendemos que o inciso II do art. 7.º da Lei n. 12.016/2009 espelha um caso de *assistência litisconsorcial*, ao determinar que o juiz, ao despachar a petição inicial, dê ciência do feito ao órgão de representação judicial da pessoa jurídica interessada, à qual remeterá cópia da inicial (sem documentos), "para que, querendo, ingresse no feito". Se fosse o caso de *litisconsórcio necessário*, por certo a lei teria ordenado a *citação* do aludido órgão de representação, em harmonia com o disposto no art. 114 do CPC.

2.3.1.1. O *amicus curiae*

A figura do *amicus curiae* ("amigo da corte") foi adotada, no início do século XIX, pela Suprema Corte norte-americana com a finalidade de proteger direitos coletivos ou difusos. Cabe esclarecer, porém, que o *amicus curiae* não é, nem se torna, parte na causa. Trata-se, na verdade, de alguém que, tendo em vista o interesse público aflorado no processo, se dirige à Corte para fornecer-lhe subsídios destinados a orientá-la no julgamento, ou a chamar-lhe a atenção para um aspecto da matéria, que, sem a intervenção do *amicus curiae*, poderia passar despercebida pelos julgadores. A atuação do *amicus curiae* tem se manifestado, com maior intensidade, mediante apresentação de memoriais, ou formulação de sustentação oral.

No sistema norte-americano, essa figura – que está regulada na Regra n. 37 do regimento interno da Suprema Corte – tem sido também denominada de *brandies-brief*, porque, como dissemos, *o amicus curiae* apresenta um memorial (*brief*) aos juízes da Suprema Corte, nos quais expõe os seus argumentos em favor de uma das teses em conflito nos autos do processo.

A importância do *amicus curiae*, nos EUA, pode ser avaliada, por exemplo, pelo episódio envolvendo a candidatura de George W. Bush à presidência daquele país. Na altura, alegou-se, perante a Suprema Corte, a existência de fraude eleitoral, cometida por George Bush – *Florida Election Case n. 00.949*. Em decorrência disso, diversas entidades foram admitidas como *amicus curiae*, entre elas, o Estado do Alabama e o American Bar Association, uma espécie de Ordem dos Advogados do Brasil. Mesmo assim, o resultado do julgamento foi favorável a Bush.

Nos EUA, o procedimento atinente à intervenção do *amicus curiae*, em traços gerais, é este: o interessado deve apresentar o consentimento das partes envolvidas no conflito. Esse consentimento pode ser amplo, compreendendo a prática de todos os atos permitidos ao *amicus curiae*, ou restrito, ficando limitado a certos atos, como a apresentação de memoriais e a formulação de sustentação oral.

No caso de os litigantes se recusarem a autorizar a pessoa a ingressar como *amicus curiae*, esta, ao dirigir-se à Suprema Corte, deverá instruir o seu pedido com os motivos da recusa das partes.

Deve ser dito que a Suprema Corte poderá admitir o *amicus curiae* mesmo contra a vontade das partes demandantes. Tudo dependerá das razões que o *amicus* apresentar à Corte, para justificar o seu interesse em atuar nessa qualidade. Em outras situações, a Corte, antes de admitir o *amicus curiae*, poderá realizar uma audiência com as partes, com a finalidade de obter solução mais apropriada para o incidente.

2.3.1.2. O *amicus curiae* no direito brasileiro

A instituição, em nosso meio, da figura do *amicus curiae* foi obra da Lei n. 9.868, de 10 de novembro de 1999, que regulamentou o processo e julgamento da ação direta de inconstitucionalidade e da ação declaratória de constitucionalidade no Supremo Tribunal Federal. Lendo-se a correspondente Exposição de Motivos, verifica-se que o legislador buscou inspiração na figura similar do direito norte-americano.

É bem verdade que a Lei n. 9.868/1999 não faz uso da expressão *amicus curiae*. A existência dessa figura, contudo, está insinuada na expressão "outros órgãos ou entidades". Assim como ocorre no direito norte-americano, também em nosso sistema o *amicus curiae* não é considerado parte, mas terceiro. Dispõe o § 2.º do art. 7.º da precitada norma legal: "*o relator, considerando a relevância da matéria e a representatividade dos postulantes, poderá por despacho irrecorrível, admitir, observado o prazo fixado no parágrafo anterior, a manifestação de outros órgãos ou entidades*" (destacamos).

Algumas conclusões se extraem, de imediato, dessa norma legal: a) há necessidade de *requerimento* dos interessados em atuar como *amicus curiae* (a lei faz menção a *postulantes*); b) a admissão desses interessados constitui *faculdade* do relator, que, para isso, levará em conta: b.1) a relevância da matéria; b.2) a representatividade dos postulantes; c) o despacho, de acolhimento ou de rejeição do requerimento é *irrecorrível*.

A remissão efetuada por esse dispositivo legal ao "prazo fixado no parágrafo anterior", ou seja, ao § 1.º, precipita-se no vazio, uma vez que este parágrafo foi vetado.

O § 2.º do art. 7.º da Lei n. 9.868/1999 revela, ainda, uma expressiva distinção da figura do *amicus curiae* brasileiro em relação ao similar norte-americano: sucede que o direito de nosso país não exige *autorização das partes* para que o *amicus curiae* seja admitido nos autos do processo; essa admissão, conforme salientamos, depende, apenas, de requerimento do interessado e de despacho do relator.

Em essência, merece largos elogios a Lei n. 9.869/1999, na parte em que abriu a possibilidade de atuação do *amicus curiae*, pois isso representou, sem dúvida, a concessão de um notável espaço para que os grupos sociais representativos participem, de maneira efetiva, de certas decisões do Supremo Tribunal Federal, o que significa dizer, por outras palavras, que possam também exercer, ainda que com as restrições impostas pela norma legal, o controle da constitucionalidade das leis e dos atos normativos do poder público. Sob certo aspecto, podemos firmar que a instituição da figura do *amicus curiae* traduziu um ato de prestigiamento legislativo do cidadão, ao colocar-lhe ao alcance das mãos a possibilidade de, mediante órgão ou entidade representativa, manifestar-se a respeito de leis das quais, como membro da sociedade, é, ou poderá ser, destinatário. Permitiu-se, enfim, por meio da figura do *amicus curiae,* a democratização dos debates acerca da constitucionalidade dos atos da legislatura, da administração e da própria magistratura.

Entre os casos concretos julgados pelo STF, em que se admitiu a figura do *amicus curiae,* um dos mais expressivos e emblemáticos consistiu no *Habeas Corpus* n. 82.424/RS, envolvendo crime de racismo e antissemitismo, no qual figurava como paciente o editor Siegfried Ellwanger, sendo autoridade coautora o Superior Tribunal de Justiça. O STF, por sete votos contra três, adotou os argumentos expostos no memorial (aceito como *amicus curiae*) elaborado pelo Prof. Celso Lafer e denegou a ordem pretendida pelo mencionado editor. Eis um trecho do voto do Ministro Celso de Mello: "irrepreensível, neste ponto, o magistério, sempre douto e erudito, do eminente professor Celso Lafer, da Faculdade de Direito da Universidade de São Paulo (que é a minha 'alma mater'), cujo parecer – oferecido na legítima e informal condição de *amicus curiae* – bem analisa a questão em foco (fls. 120/122)" (Crime de racismo e antissemitismo: um julgamento histórico no STF: *Habeas Corpus* n. 82.424/RS. Brasília: Supremo Tribunal Federal, 2004, p. 57).

Como é fato notório, embora a questão fundamental – objeto de intensos e proveitosos debates estabelecidos no plenário –, nesse julgamento, fosse o alcance do sentido do vocábulo *racismo,* a que se refere o inciso XIII do art. 5.º da Constituição Federal, o STF superou o conceito biológico de raça, para ocupar-se com o conceito étnico-racial fornecido pela antropologia, pela sociologia e por outros ramos das ciências sociais.

2.3.1.3. O *amicus curiae* no CPC de 2015

O CPC de 2015 incorporou a figura do *amicus curiae,* conforme revela o seu art. 138, assim redigido:

> Art. 138. O juiz ou o relator, considerando a relevância da matéria, a especificidade do tema objeto da demanda ou a repercussão social da controvérsia, poderá, por decisão irrecorrível, de ofício ou a requerimento das partes ou de quem pretenda manifestar-se, solicitar ou admitir a participação de pessoa natural ou jurídica, órgão ou entidade especializada, com representatividade adequada, no prazo de 15 (quinze) dias de sua intimação.
>
> § 1º A intervenção de que trata o *caput* não implica alteração de competência nem autoriza a interposição de recursos, ressalvadas a oposição de embargos de declaração e a hipótese do § 3º.

§ 2º Caberá ao juiz ou ao relator, na decisão que solicitar ou admitir a intervenção, definir os poderes do amicus curiae.

§ 3º O *amicus curiae* pode recorrer da decisão que julgar o incidente de resolução de demandas repetitivas.

No sistema do CPC vigente, a intervenção do *amicus curiae* em processo alheio apresenta as seguintes características:

a) pode ser solicitada pelo juiz ou pelo relator, *ex officio*, ou ser requerida por qualquer das partes, ou por quem desejar manifestar-se;

b) o *amicus curiae* pode ser pessoa natural ou jurídica, órgão ou entidade especializada, com representatividade adequada;

c) no caso de requerimento, este deve ser formulado no prazo de quinze dias da intimação da pessoa, órgão ou entidade referidos na letra "b", retro;

d) os requisitos para a admissão do *amicus curiae* são: a relevância da matéria, a especificidade do tema objeto da demanda ou a repercussão social da controvérsia;

e) a decisão do juiz ou de relator, que admitir o *amicus curiae*, é irrecorrível (art. 138, *caput*);

f) tratando-se do incidente de resolução de demandas repetitivas (art. 976), o *amicus curiae* terá legitimidade para recorrer da correspondente decisão do relator (art. 138, § 3.º).

A intervenção do *amicus curiae* não acarreta a alteração da competência do órgão jurisdicional nem autoriza a interposição de recurso. A própria norma que veda a interposição de recursos pelo *amicus curiae* traz duas exceções: a) o oferecimento de embargos de declaração; b) a decisão que julgar o incidente de resolução de demandas repetitivas (CPC, art. 138, § 1.º).

Será sempre aconselhável que o juiz, antes de admitir a intervenção do *amicus curiae* – quando requerida por este ou por uma das partes –, ouça as partes, no primeiro caso, ou a adversa, no segundo, em prazo que fixar. Esse contraditório prévio pode ser útil ao próprio magistrado, porquanto poderá obter subsídios para a sua decisão quando admitir ou recusar a intervenção do *amicus*.

A referência legal ao juiz e ao relator revela que o *amicus curiae* pode intervir tanto em primeiro grau (Varas) quanto nos demais graus de jurisdição (Tribunais). A decisão pela qual o juiz ou o relator solicitar (*ex officio*) ou admitir (requerimento) a intervenção do *amicus curiae* deverá definir quais são os poderes deste. Essa decisão deve ser fundamentada (CF, art. 93, IX); assim, também, a que não admitir a intervenção. É relevante observar, contudo, que o magistrado não poderá atribuir ao *amicus* os mesmos poderes de que são legalmente dotadas as partes, pois o *amicus* não se torna parte ao ser admitido a intervir. Não nos parece que o preceito legal em foco deva ser visto como uma espécie de cheque em branco que o sistema entregou ao magistrado para preenchê-lo segundo a sua conveniência. O que se pode admitir é que esses poderes variem caso a caso, conforme sejam as circunstâncias, pois o texto legal afirma que o juiz ou o relator definirá os poderes *do amicus* na decisão (ou seja, em cada caso) que solicitar ou admitir a intervenção deste. Faz-se oportuno lembrar que anteriormente ao advento do atual CPC os tribunais restringiam a atuação do *amicus* à apresentação de memoriais e à sustentação oral. O STF, por exemplo, no julgamento da ADIn n. 3.615/2008, entendeu que o *amicus curiae* não possui legitimidade para recorrer. Mais recentemente, porém, o Ministro Celso de Mello, relator na ADIn 5.022-MC/RO, de 16.01.2013, manifestou-se favorável à ampliação dos poderes do *amicus curiae*: "Cumpre permitir, desse modo, ao *amicus curiae*, em extensão maior, o exercício de determinados poderes processuais. Esse entendimento é perfilhado por autorizado magistério doutrinário, cujas lições acentuam a essencialidade da participação legitimadora do *amicus curiae* nos processos de fiscalização abstrata de constitucionalidade (...) ou, ainda, a faculdade de solicitar a realização de exames periciais sobre o objeto ou sobre questões derivadas do litígio constitucional ou a prerrogativa de propor a requisição de informações complementares, bem assim a pedir a convocação de audiências públicas, sem prejuízo, como esta Corte já o tem afirmado, do direito de recorrer de decisões que recusam o seu ingresso formal no processo de controle normativo abstrato. Cabe observar que o Supremo Tribunal Federal, em assim agindo, não só garantirá maior efetividade e atribuirá maior legitimidade às suas decisões, mas, sobretudo, valorizará, sob uma perspectiva eminentemente pluralística, o sentido essencialmente democrático dessa participação processual, enriquecida pelos elementos de informação e pelo acervo de experiências que o *amicus curiae* poderá transmitir à Corte Constitucional, notadamente em um processo – como o de controle abstrato da constitucionalidade – cujas implicações políticas, sociais, econômicas, jurídicas e culturais são de irrecusável importância, de indiscutível magnitude e de inquestionável significação para a vida do País e a de seus cidadãos".

O *caput* do art. 138 do CPC, na trilha do art. 7.º, § 2.º, da Lei n. 9.868/1999, todavia, não permite ao *amicus curiae* recorrer da decisão do juiz ou do relator que não lhe permitirem o ingresso no processo, contrariando, assim, a tendência do STF.

Caso a parte venha a desistir do pedido que motivou a admissão do *amicus curiae* no processo, e essa desistência seja homologada, cessará, *ipso facto*, a intervenção do *amicus*. Trata-se de relação de causa e efeito.

O incidente de resolução de demandas repetitivas está previsto no art. 976 do CPC. Da decisão aí proferida o *amicus curiae* se encontra legitimado para interpor recurso.

Em que pese o fato de a lei ser omissa no tocante ao assunto, estamos serenamente convencidos de que se aplicam ao *amicus curiae* as regras do art. 447 do CPC no que se refere ao *impedimento* e à *suspeição* de testemunhas. Não nos parece haver razão jurídica para colocar-se o *amicus* ao largo dessas normas legais. Se não for assim, as manifestações do *amicus*, seja nos memoriais, seja na sustentação oral etc., estariam gravemente comprometidas pelo fato de ele ser cônjuge ou companheiro de uma das partes, ascendente ou descendente delas, possuir amizade ou ser amigo íntimo de uma delas etc.

2.3.1.4. *Amicus curiae* e assistência

Conquanto as figuras do *amicus curiae* e da assistência constituam, no sistema do CPC, espécies do gênero intervenção de terceiros, há expressivas diferenças entre elas. Consideremos a assistência *simples*:

a) o juiz pode solicitar, *ex officio*, a intervenção do *amicus* (art. 138, *caput*), mas a do assistente, não (art. 119);

b) o requerimento do interessado em intervir como *amicus* não depende de manifestação das partes, ao contrário do que se passa com a assistência, em relação à qual a manifestação do adversário do assistido é indispensável (art. 120);

c) os poderes do *amicus curiae*, a despeito do art. 138, § 2º, do CPC, são muito inferiores aos do assistente, pois este é dotado dos mesmos poderes do assistido (art. 121);

d) ao contrário do assistente (art.), o *amicus* não possui ônus processuais, nem é condenado ao pagamento de custas (art. 121);

e) o *amicus* pode, em causa futura, voltar a sustentar o entendimento que foi derrotado no julgamento da causa anterior, ao passo que o assistente não pode discutir, em outro processo, a justiça da decisão, salvo nos casos expressamente previstos em lei (art. 123).

2.3.1.5. O *amicus curiae* e o processo do trabalho

Em termos gerais, as disposições do CPC pertinentes à intervenção do *amicus curiae* são aplicáveis ao processo do trabalho, inclusive, em primeiro grau de jurisdição. Aqui, as entidades sindicais, sejam representativas da categoria profissional, sejam da categoria econômica, como pessoas jurídicas, encontram-se legitimadas para intervir na qualidade de *amicus curiae*. O mesmo se afirme quanto aos trabalhadores e às empresas, individualmente considerados. O que se deve colocar à frente, como critério para essa modalidade de intervenção, é: a) a relevância da matéria; b) a especificidade do tema objeto da causa; ou c) a repercussão social da controvérsia.

Os mencionados requisitos devem ser observados não somente quando a intervenção do *amicus curiae* for *requerida* pelas partes ou por quem desejar manifestar-se, mas, também, quando for *solicitada* pelo juiz ou pelo relator, *ex officio*. O ato pelo qual um e outro solicitam a participação do *amicus* constitui *decisão*; em que pese o fato de ela ser irrecorrível (art. 138, *caput*), deve ser *fundamentada*, por exigência constitucional (CF, art. 93, IX). Isso nos motiva à formulação de uma pergunta inevitável e inquietante: caso a decisão *não seja fundamentada* – limitando-se, digamos, a determinar a intimação da pessoa, órgão ou entidade para intervir como *amicus curiae* –, mesmo assim será irrecorrível? Recurso *típico* (ou *genuíno*) não seria admissível, seja pela dicção inequívoca da norma específica do art. 138, *caput*, do CPC, seja por força do princípio que se irradia do art. 893, § 1º, da CLT. A despeito disso, seriam cabíveis embargos declaratórios, por dois motivos: a) estes constituem recurso *anômalo*, não sendo, por isso, alcançados pela vedação contida no art. 138, *caput*, do CPC; b) ao contrário do CPC de 1973, que restringia o cabimento desses embargos às *sentenças e aos acórdãos* (art. 535, I), o CPC de 2015 os admite de qualquer decisão (art. 1.022, *caput*). Os embargos declaratórios, no caso, seriam fundados em *omissão* do pronunciamento jurisdicional (art. 535, II). A partir desse momento, duas situações se apresentam: a) o juiz ou o relator supre a omissão, indicando os fundamentos pelos quais admitiu o *amicus curiae*; b) o juiz ou o relator não supre a lacuna, por alguma razão. No primeiro caso, nada há a fazer, porquanto a irregularidade foi sanada; no segundo, caberá à parte alegar a nulidade da decisão que admitiu o *amicus curiae* – e do próprio incidente –, por falta de fundamentação da referida decisão. Essa alegação teria, apenas, efeito antipreclusivo.

Somente no recurso que vier a interpor da sentença (de mérito) é que a parte poderá arguir a nulidade da decisão que admitiu a intervenção do *amicus curiae*, em decorrência de não ter sido fundamentada (CLT, art. 893, § 1º). A arguição de nulidade, aliás, deverá abranger todos os atos processuais posteriores à sobredita decisão.

Devemos esclarecer que essas nossas considerações são de caráter geral, pois a adequada solução ao problema que apresentamos dependerá, essencialmente, de quem tenha requerido a intervenção do *amicus curiae* e de quem tenha ficado vencido no julgamento da causa, vale dizer, no mérito.

Embora admitamos a compatibilidade do art. 138 do CPC com o processo do trabalho, devemos ponderar que a presença do *amicus curiae* nesse processo não deverá ser amplamente admitida, pois – queiramos, ou não – essa presença pode acarretar um indesejável golpe na celeridade da prestação jurisdicional, bastando argumentar, por exemplo, com a legitimidade que a lei atribui ao *amicus* para oferecer embargos de declaração e para recorrer da decisão referente ao incidente de resolução de demandas repetitivas. Por esse motivo, bem fariam os magistrados do trabalho – designadamente, os de primeiro grau de jurisdição –

se abrissem mão da regra do § 2º do art. 138, de forma a não conceder ao *amicus* outros "poderes" além dos mencionados.

2.3.1.6. *Amicus curiae* e mandado de segurança

Iniciemos este item com uma indagação: o *amicus curiae* pode ser admitido nas ações de mandado de segurança? A despeito de o art. 138 do CPC parecer admitir a participação do *amicus curiae* em qualquer processo – desde que atendidos os pressupostos indicados nessa norma legal –, atrevemo-nos a responder, negativamente, à indagação formulada. A celeridade característica do procedimento próprio das ações mandamentais e a sua estrutura gnosiológica impedem, a nosso ver, a presença da figura do *amicus curiae*. Poder-se-ia supor que estamos sendo contraditórios com a opinião anteriormente manifestada, pela qual admitimos a *assistência litisconsorcial* no processo de ação de mandado de segurança. Nada há de contraditório em nossas opiniões. Em primeiro lugar, devemos observar que a assistência litisconsorcial (ou qualificada) pressupõe que a sentença possa influir na relação jurídica (material) existente entre o assistente e o adversário do assistido (CPC, art. 124) – particularidade que, por si só, justifica o interesse desse assistente em intervir nos autos; em segundo, não admitimos a assistência meramente *simples* (*ad adiuvandum*) no processo do mandado de segurança porque aqui o interesse do assistente é bem mais diluído, rarefeito (CPC, art. 119).

Conforme escrevemos em outro livro: "O que se deve entender, de uma vez para sempre, é que o assistente litisconsorcial, por ser titular da relação jurídica material com o réu, tem um interesse de agir no processo muito mais intenso do que o do assistente meramente auxiliar (*ad adiuvandum*) e, não raro, do que o do próprio assistido. Sensível a esta circunstância, a lei lhe atribui o *status* processual do litisconsorte (ainda que, com isso, não se torne parte), cumulando-o de um vasto elenco de poderes necessários à defesa do direito próprio, que poderá ser virtualmente atingido pela sentença. Atingido de forma direta, ao contrário, pois, do que se passa na assistência simples, onde a sentença gera efeito apenas reflexo no halo jurídico do interveniente" (*Litisconsórcio, assistência e intervenção de terceiros no processo do trabalho.* 3.ª ed. São Paulo: LTr Editora, 1995, p. 143).

Desse modo, se a intervenção do assistente litisconsorcial pode embaraçar um pouco o procedimento da ação de mandado de segurança, essa momentânea turbulência processual se justifica pela necessidade de esse tipo de assistente defender os seus interesses em causa alheia. O que impulsiona o *amicus curiae* a ser admitido a manifestar-se nos autos é um interesse abstrato, que não diz respeito, necessariamente, a ele, senão que à coletividade que ele representa. Ademais, a atuação do *amicus curiae* nos autos não é algo indispensável e, segundo estamos convencidos, a recusa do relator em admiti-lo – mediante decisão irrecorrível – não configura nulidade processual. O STF, aliás, já decidiu: "(...) Não se revela juridicamente possível a invocação da Lei n. 9.868/99 (art. 7.º, § 2.º) para justificar o ingresso de terceiro interessado, em mandado de segurança, na condição de 'amicus curiae'. É que a Lei n. 9.868/99 – por referir-se a processos de índole eminentemente objetiva, como o são os processos de controle normativo abstrato (RTJ 113/22 – RTJ 131/1001 – RTJ 136/467 – RTJ164/506-507, v.g.) – não se aplica aos processos de caráter meramente subjetivo, como o processo mandamental. Não se revela admissível a intervenção voluntária de terceiro, 'ad coadjuvandum', na condição de assistente, no processo de mandado de segurança. Doutrina. Precedentes" (STF – AgRg-AgRg-MS 26.552 – Rel. Min. Celso de Mello – DJe 16.10.2009 – p. 17).

2.3.2. *Litisconsórcio passivo*

2.3.2.1. Citação da pessoa jurídica de direito público

Em outro livro, escrevemos:

> Questão palpitante, que pôs inquieta a doutrina, foi a relativa à exigência, ou não, da citação da pessoa jurídica de direito público – para efeito de formação de um regime litisconsorcial – a que se acha vinculada a autoridade apontada como coatora.
>
> Dentre os juristas que sustentam ser a pessoa jurídica de direito público, neste caso, litisconsorte necessária em ações assecuratórias incluem-se Othon Sidou,[12] Sebastião de Souza,[13] Luís Eulálio de Bueno Vidigal,[14] Alfredo Buzaid.[15] Diz este último: "a ilação que se extrai é que sujeitos passivos do mandado de segurança são a autoridade coatora e a pessoa jurídica de direito público, unidos por litisconsórcio necessário".[16]
>
> Discrepamos, com o devido acatamento, dessa opinião.
>
> Pelo sistema do Código de Processo Civil de 1939, o juiz, ao despachar a petição, mandava: a) notificar a autoridade coatora (mediante ofício entregue por oficial de justiça e acompanhado da 3.ª via da inicial), a fim de prestar informações no prazo de dez dias; b) citar o representante judicial ou, à falta deste, o representante legal da pessoa jurídica de direito público interessada na ação (art. 322, I e II), esclarecendo, ainda, que c) quando a pessoa do coator se confundisse com a do representante judicial, ou legal, da pessoa jurídica de direito público interessada na causa, a notificação produziria também os efeitos de

(12) Obra cit., p. 274.
(13) *Dos processos especiais*. Rio de Janeiro: Forense, 1957, p. 48.
(14) Obra cit., p. 99.
(15) Obra cit., p. 184.
(16) *Idem*.

citação; d) a contestação deveria ser apresentada no prazo de dez dias (ibidem, §§ 1.º e 2.º).

A Lei n. 1.533/1951, contudo, exigiu, unicamente, a notificação da autoridade coatora para apresentar, em dez dias, as informações que reputar necessárias (art. 7.º, inciso I), não fazendo nenhuma referência à citação do representante legal da pessoa jurídica de direito público "interessada na causa".

Indaga-se: esse silêncio do legislador de 1951 deve ser interpretado como omissão, pois é indispensável a citação da pessoa jurídica de direito público a cujos quadros pertence a autoridade apontada como coatora, ou como intenção de dispensar a citação, por entendê-la desnecessária?

Estamos convencidos de que o legislador procurou modificar, propositadamente, a estrutura do procedimento pertinente à ação de segurança, e, em decorrência disso, não mais cogitou do ato citatório da pessoa jurídica de direito público, limitando-se à audiência da autoridade coatora. Na vigência do digesto processual civil de 1939, aliás, a experiência demonstrou que a citação da pessoa jurídica não tinha utilidade para o processo, pois como a contestação deveria ser apresentada no mesmo prazo de que a autoridade coatora dispunha para prestar informações, o que se verificava é que a contestação e as informações traziam, em regra, os mesmos argumentos, numa superposição que beirava o desperdício.

Além do mais, como asseveramos anteriormente, a nosso ver só é parte passiva na ação de segurança a autoridade coatora, nunca a pessoa jurídica de direito público a que se vincule, pois só àquela cabe promover a defesa do ato praticado, contra o qual se insurge o impetrante, ainda que esse ato possa produzir efeitos jurídicos que devam ser suportados pela pessoa jurídica de direito público. Como inexiste litisconsárcio entre a autoridade coagente e a pessoa jurídica de direito público, somente esta possui legitimidade para interpor recurso da decisão (acórdão) concessiva do mandamus.

Nem se ignore o fato de ser obrigatória a audiência do Ministério Público (Lei n. 1.533/1951, art. 10), sob pena de nulidade da sentença ou do acórdão. Não queremos com isso dizer que o Ministério Público deva atuar, em mandado de segurança impetrado, como representante da pessoa jurídica de direito público interessada na causa, seja porque ele corresponde, ontologicamente, a uma espécie peculiar de magistratura (logo, independente e imparcial), quando funciona na qualidade de fiscal da lei (CPC, art. 82), seja porque a defesa judicial

> das pessoas jurídicas dessa natureza incumbe, legalmente, aos procuradores ou aos advogados, estes no caso da União (CF, art. 131).
>
> Note-se, ainda, que o CPC de 1939 não mandava ouvir o Ministério Público, pois "Findo o prazo para as informações e para a contestação, os autos serão conclusos ao juiz, que decidirá em cinco (5) dias", dispunha o art. 324, *caput*. Por outras palavras, aquele estatuto processual a) mandava citar a pessoa jurídica de direito público interessada na causa, mas, b) não impunha a audiência do Ministério Público. Já o Código atual a) impõe a oitiva do Ministério Público, mas, b) não determina a citação da aludida pessoa jurídica.
>
> Está clara, portanto, a profunda mudança ocorrida no sistema, por obra da legislação em vigor.[17]

A Lei n. 12.016/2009, contudo, deu um tratamento algo *sui generis* à matéria. Assim dizemos porque essa norma legal determinou não a *citação* do órgão de representação judicial da pessoa jurídica interessada (como ocorria no sistema do CPC de 1939, que dispunha em seu art. 322: "Despachando a petição inicial, o juiz mandará: (...) II – citar o representante judicial, ou, à falta, o representante legal da pessoa jurídica de direito público interessada na ação"), e sim a sua *ciência*, para que, caso pretenda, ingresse no feito (art. 7.º, II).

Vale dizer: no sistema do CPC de 1939, impunha-se a *citação* da pessoa jurídica a que se encontrava vinculada a autoridade indicada como coatora, para efeito de formação de *litisconsórcio necessário*. No caso da Lei n. 12.016/2009, a *cientificação* dessa pessoa se dará para que se ingresse nos autos na qualidade de *assistente litisconsorcial*, se assim desejar.

Uma observação indispensável: a nosso ver, a regra estampada no *caput* do art. 6.º e no inciso II do art. 7.º da Lei n. 12.016/2009 (na parte em que se refere à pessoa jurídica de direito púbico interessada) somente se aplica quando o mandado de segurança for impetrado contra ato da *administração pública*, nunca do Poder Judiciáio. Assim, se o *mandamus* tiver como objeto ato de juiz do trabalho, de primeiro grau de jurisdição, a exigência legal estará atendida com a indicação, apenas, desta autoridade coatora, sem necessidade de fazer-se menção à pessoa jurídica de direito público interessada (art. 6.º, *caput*), à qual se daria ciência do feito e se remeteria cópia da petição inicial (art. 7.º, II).

2.3.2.2. Litisconsórcio necessário

O art. 19 da Lei n. 1.533/1951 declarava serem aplicáveis ao processo de mandado de segurança os artigos do CPC de 1939 que disciplinavam o litisconsórcio. Diante disso, poderia parecer a muitos ser insustentável a nossa opi-

---

(17) *Mandado de segurança na Justiça do Trabalho*. 34. ed. São Paulo: LTr Editora, 2017, p. 132-133.

nião quanto ao não cabimento do litisconsórcio *necessário*, passivo, em processo de ação mandamental. Sabemos que, de algum tempo até esta altura, a jurisprudência vinha entendendo ser imprescindível a citação do trabalhador nas ações mandamentais propostas pelo empregador, porquanto aquele possuiria interesse na manutenção do ato judicial impugnado pelo adversário. O mesmo se vinha sustentado no caso de o *mandamus* ser impetrado pelo trabalhador. O fundamento dessa opinião era o art. 19 da Lei n. 1.533/1951. Argumentávamos, todavia, que estava a ocorrer um certo equívoco em relação a isso. É relevante observar que quando do advento da mencionada norma legal estava a viger o CPC de 1939. Neste, os temas distintos do litisconsórcio e da assistência eram tratados no mesmo capítulo, sob o título único de "Litisconsórcio". Desse modo, o legislador, ao mandar aplicar à ação mandamental "os artigos do Código de Processo Civil que regulam o litisconsórcio", não estava dizendo que deveria haver *litisconsórcio* e, quanto menos, que este seria do tipo *necessário*. Aliás, parecia-nos aberrante do bom senso imaginar que, no exemplo aludido, o trabalhador estaria litisconsorciado com o juiz da causa. Não podemos ignorar que, nos regimes litisconsorciais, o litisconsorte é *parte* na relação jurídica que aí se estabelece. Como se poderia aceitar, portanto, a ideia de o trabalhador e o juiz se colocarem, lado a lado, no mesmo polo da relação processual, ou seja, se tornarem compartes? A nosso ver, o que o legislador de 1951 pretendeu expressar, ao referir o art. 19 do CPC então vigente, é que seria admissível no processo de mandado de segurança a *assistência litisconsorcial* – que não se confunde com o *litisconsórcio necessário*. O assistente não é parte, embora possua, muitas vezes, elevado interesse em que a decisão seja desfavorável ao adversário do assistido. Na situação que estamos a examinar, o assistente estaria interessado em que a decisão impugnada por ação mandamental fosse mantida, por ser esta favorável aos seus interesses manifestados na causa em que a sobredita decisão foi proferida.

Segundo nosso entendimento, portanto, impetrado mandado de segurança contra ato judicial, o adversário do impetrante (na causa principal ou originária) deveria ser *intimado* (e não citado), a fim de manifestar, no prazo de cinco dias, o seu interesse em ingressar no processo como assistente litisconsorcial.

A nosso ver, não havia, em princípio, matéria de ordem pública que justificasse a *citação* dessa pessoa, na qualidade de litisconsorte necessária, nem base lógica para a sua intervenção a esse título. Estávamos serenamente convencidos, por essas razões, de que deveria ser cancelada a Súmula n. 631 do STF, assim enunciada: "Extingue-se o processo de mandado de segurança se o impetrante não promove, no prazo assinado, a citação do litisconsorte passivo necessário".

Intimado da impetração do mandado de segurança, o adversário (na ação principal) do impetrante diria do seu interesse, ou não, em intervir no processo na qualidade de assistente litisconsorcial.

Estas nossas considerações, entretanto, já não se sustentam em face da Lei n. 12.016/2009, cujo art. 24, ao determinar a aplicação à ação mandamental dos arts. 46 a 49 do CPC de 1973 (que correspondem aos arts. 113 a 118 do CPC de 2015), deixa claro que a parte interessada na manutenção do ato impugnado deverá ser citada para a formação de um litisconsórcio, que poderá ser facultativo (CPC, art. 113), ou necessário (CPC, art. 114).

A situação que estamos a examinar não se confunde com a do inciso II do art. 7.º da Lei n. 12.016/2009, que determina a *cientificação* do órgão de representação judicial da pessoa jurídica interessada, para que, desejando, ingresse no feito – na qualidade de assistente litisconsorcial, segundo entendemos.

3. Intervenção de terceiro

Nenhuma das formas de intervenção de terceiros, prevista no CPC, como a *assistência* (arts. 119/124), a *denunciação da lide* (arts. 125/129) e o *chamamento ao processo* (arts. 130/132), é admissível no processo de mandado de segurança. Assim afirmamos, não porque a Lei n. 12.016/2009 não faça referência a essas modalidades de intervenção, e sim porque todas elas são incompatíveis com a celeridade que se exige do procedimento concernente à ação mandamental. Por mais forte razão, não se admite a *oposição* (arts. 682 a 686), que, no Código de 2015, deixou de figurar como modalidade de intervenção de terceiro (CPC de 1973, arts. 56 a 61), passando a integrar o elenco dos *procedimentos especiais.*

4. Interesse processual

No passado, por influência da teoria civilista da ação, o interesse de agir em juízo era considerado uma espécie de repercussão do interesse protegido pelo direito material; com isso, dizia-se que quando o direito subjetivo era lesado ou ameaçado, o que nele estava contido recebia a denominação de interesse de agir – a que os arts. 17 e 485, VI, do CPC atual se referem como *interesse processual.*

Modernamente, porém, em virtude do reconhecimento da autonomia do direito de ação, já não se confunde o interesse que é próprio do direito material com o interesse processual.

Debruçando-se sobre o problema do interesse, no plano processual, a doutrina cindiu-se em duas correntes: a primeira entende que o interesse motivador do ingresso em juízo decorre da *necessidade* de obter-se um pronunciamento jurisdicional acerca da *res in iudicio deducta;* a segunda sustenta que esse interesse é assinalado pela *utilidade* que o provimento da jurisdição proporciona ao autor, como ser eficiente para solver o conflito de interesses em que se encontra envolvido. Dizendo-se por outro modo: pela primeira vertente doutrinal, o interesse existirá sempre que o indivíduo invocar a tutela jurisdicional do Estado, com vistas à solução do litígio, que não pôde ser dirimido extrajudicialmente; pela segunda, o interesse se relaciona com o pressuposto de que o decreto jurisdicional seja realmente eficaz para resolver o conflito de interesses.

Observa Moniz de Aragão que, de acordo com o ponto de vista que se adote, o diploma processual civil parece haver incorporado uma e outra dessas teorias, argumentando com o parágrafo único do art. 4.º do CPC de 1973 (art. 20 do CPC de 2015), a teor do qual é admissível a ação declaratória ainda que tenha ocorrido a lesão do direito: "Se a lei reputasse válida a opinião dos que se filiam à primeira corrente, não haveria necessidade da regra inscrita no art. 4.º, par. único, pois para estes é evidente que basta a simples necessidade de ingressar em juízo para estar preenchido o requisito do interesse; se a lei faz o esclarecimento referido no mencionado texto, é porque reconhece que, sem essa ressalva, a ação declaratória não poderia ser proposta. Logo, esse dispositivo cria exceção à regra geral, a qual consiste na segunda teoria acima indicada".(18)Não tem sido, todavia, convergente a opinião da doutrina quanto à existência de um interesse processual. Já em 1928, Invrea refutava todas as concepções a respeito do assunto. A seu ver, a ideia de interesse era supérflua, redundante, porquanto o interesse estaria relacionado, intimamente, com a propositura da ação. Deitou críticas contundentes às teorias de Mortara (da utilidade) e de Chiovenda (da necessidade). Com base na afirmação de que a liberdade jurídica não deve receber restrições desnecessárias, concluiu ser imprescindível que exista uma razão jurídica – e não um mero interesse – para ser aceita essa restrição. Segundo ele, a razão jurídica se caracterizava pelo fato de o réu haver perpetrado uma lesão de direito (motivo por que deve arcar com as consequências de seu ato) ou pela necessidade de o autor obter uma decisão judicial para fazer atuar o seu direito (considerando que o limite da liberdade jurídica é o direito alheio).

Carnelutti também criticava o conceito de interesse processual, julgando-o "morto, e, se não está morto, moribundo". Essa inferência do grande jurista italiano está em harmonia com o seu entendimento de que o conteúdo do processo não é a ação e sim a lide, que se estabelece quando alguém deseja a tutela de um interesse, em oposição ao interesse de outrem, que resiste à satisfação. Carnelutti reputa ser o interesse simples reflexo da existência da lide; inexistindo esta, o interesse representa uma daquelas situações que devem ser objeto de um processo, a fim de fazer surgir o direito: "Quando se diz, pois, que existe uma lide (ou uma dessas situações) e que, em respeito a ela, se deve encontrar naquela relação, que constitui a *legitimatio*, já se disse tudo; e o interesse de agir não representa senão a quinta roda do carro... Se, pois, se considera o próprio processo, não só a lide é

---

(18) *Comentários ao Código de Processo Civil*. vol. II. Rio de Janeiro: Forense, 1974, p. 440.

uma condição do interesse de agir, mas a sua existência absorve esse inútil requisito: os pressupostos da ação são portanto estes dois: a lide e a legitimação".[19] Não concordamos, *data venia*, com o pensamento de Carnelutti.

Em primeiro lugar, a lide, por si só, não justifica o interesse: basta imaginarmos uma ação de segurança ajuizada sem que tenha havido lesão de direito subjetivo líquido e certo, ou ameaça de lesão. Conquanto exista aí lide, é manifesta a falta de interesse processual do autor, pois o provimento jurisdicional não representa, no caso, nenhuma necessidade ou utilidade para ele. Em segundo, há situações em que inexiste lide (pretensão resistida e insatisfeita), mas o interesse processual não só é concreto, como está até mesmo previsto em lei. Mencionemos, como exemplo, a ação declaratória, cujo pressuposto é, exatamente, a incerteza jurídica quanto à relação material que constitui objeto da demanda; incerteza objetiva e atual, ou seja, capaz de provocar uma efetiva hesitação da inteligência, no que toca à verdadeira vontade da lei, e ser concreta e não apenas aleatória. Esse estado de dubiedade deve, ainda, ser de natureza jurídica e apta para acarretar dano ao autor.

O interesse processual não é, pois, como assevera Carnelutti, algo inútil, desnecessário; ao contrário, corresponde à mais característica das condições da ação em geral, e da ação de segurança, em particular.

O CPC de 1939 exigia que o interesse fosse, além de legítimo, econômico ou moral (art. 2.º, *caput*), em consonância com o preceito contido no art. 76 do Código Civil, então vigente. Segundo Pontes de Miranda, a exigência de que fosse "legítimo" o interesse foi introduzida no Código Civil por Clóvis Beviláqua, ao traduzir, equivocadamente, o texto italiano em que se inspirara.[20] O digesto processual civil de 1973 suprimiu do interesse a adjetivação que o marcava no texto de 1939, de tal maneira que a exigência passou a ser de que a parte possuísse, apenas, interesse (art. 3.º), sem mais nada. Assim também se dispôs no CPC de 2015 (art. 17).

Como dissemos há pouco, também na ação de segurança se requer a presença de um interesse processual, sob pena de o autor (impetrante) ser declarado carecente da ação. Algumas vezes, esse interesse existia no momento em que a petição inicial era ajuizada, mas veio a desaparecer no curso do processo. Digamos, *v.g.*, que um direito subjetivo do autor tenha sido lesado por ato ilegal (ou praticado com abuso de poder) de autoridade, tendo ele, em consequência, ajuizado ação de segurança com a finalidade de obter a restauração do direito.

---

(19) Lite e processo. *Studi di diritto processuale*. vol. III. Padova: CEDAM, 1939, p. 21 e ss.
(20) *Comentários ao Código de Processo Civil*, p. 154.

O seu interesse processual, no caso, é indiscutível. Se, contudo, no curso do processo, a autoridade coatora vier, espontaneamente, a fazer cessar os efeitos do ato que ensejou a impetração do *mandamus*, é óbvio que o autor deverá ser declarado carecedor da ação, pela sentença (ou pelo acórdão), com a consequente extinção do processo sem pronunciamento sobre o *meritum causae* (CPC, art. 485, VI). Um outro exemplo de carência da ação: contra liminar que concedera medida cautelar o empregador impetra mandado de segurança; antes de o relator examinar o pedido de concessão de liminar na ação de segurança, a liminar cautelar (tutela provisória) vem a ser cassada pela sentença proferida pelo órgão de primeiro grau, cujo juiz emitira aquela medida *in limine*. Com a cassação, pela sentença, da providência cautelar concedida *in limine*, o interesse processual do impetrante desaparece, automaticamente, pois o objetivo que o levara a ingressar com a ação de segurança – cassar a liminar acautelatória – foi alcançado no momento em que dita liminar foi cancelada pelo órgão de primeiro grau.

5. A extinta possibilidade jurídica do pedido como condição da ação

Segundo o sistema do Código de Processo Civil de 1973 – fortemente influenciado, no particular, pela doutrina de Enrico Tullio Liebman –, a possibilidade jurídica do pedido constituía, ao lado da legitimidade e do interesse processual, condição da ação (arts. 3.º e 267, VI).

As consequências de ordem prática residiam no fato de que, ausente qualquer dessas condições, o processo seria extinto sem exame do mérito (CPC, art. 267, VI) – ensejando, em princípio, a que o autor intentasse, outra vez, a ação (CPC, art. 268).

O próprio Liebman, no entanto, acabou por rever a sua opinião para excluir das condições da ação a possibilidade jurídica do pedido. Assim teria mesmo que ser, pois se existe no ordenamento jurídico um *veto* à formulação em juízo de determinado pedimento, é elementar que o pronunciamento jurisdicional que faz respeitar esse veto implica a extinção do processo *mediante exame do mérito* – representado, na espécie, pela referida proibição que vem da norma legal. A seguir-se considerando a possibilidade jurídica do pedido como (simples) condição da ação, isso corresponderia a permitir que o autor, embora declarado carecente da ação, pudesse retornar a juízo quantas vezes quisesse, para formular as mesmas pretensões, que, conforme a lei, não podem ser acolhidas.

O CPC de 2015 não incorreu nesse equívoco, pois refere somente o *interesse* e a *legitimidade* como *condições* para o exercício do direito constitucional de ação (art. 17).

CAPÍTULO VII

PRESSUPOSTOS

1. Comentário

Condições da ação e *pressupostos processuais* não se confundem; enquanto aquelas se referem ao exercício do direito público subjetivo de impetrar a tutela jurisdicional do Estado – com o objetivo de fazer valer um interesse vinculado a um bem ou a uma utilidade da vida –, estes se ligam à relação jurídica processual, que apresenta, em princípio, três ângulos: autor/Estado + Estado/réu + réu/autor.

A teoria da relação processual foi elaborada por Büllow, que a distinguia da relação material sob três aspectos: a) pelos sujeitos; b) pelo objeto; c) pelos pressupostos. A importância do pensamento de Büllow para a evolução científica do direito processual pode ser avaliada pelo depoimento de James Goldschmidt: "La teoria de la relación jurídica procesal y de sus presupuestos forma la base de todos los sistemas del proceso, siendo indudable que a partir de Bülloow, y no antes, comienza a formarse una Ciencia propia del Derecho procesal".[21]

De modo geral, os estudiosos classificam os pressupostos processuais em: a) subjetivos e b) objetivos. Os *subjetivos* dizem respeito: 1) ao juiz (investidura no cargo, competência e imparcialidade) e 2) às partes (capacidade de ser parte, de estar em juízo e postulatória); os *objetivos*, aos elementos: 1) intrínsecos (regularidade do procedimento, citação regular) e 2) extrínsecos (ausência de impedimentos, como coisa julgada, litispendência, juízo arbitral etc.).

Adotando-se outro critério, podemos distribuir os pressupostos processuais em duas classes, a saber: a) pressupostos de *existência* do processo: 1) jurisdição; 2) partes; 3) ação (citação); b) pressupostos de *validade* do processo: 1) inexistência de incompetência absoluta; 2) não ser inepta a petição inicial; 3) inexistência de perempção; 4) inexistência de litispendência; 5) inexistência de coisa julgada; 6) inexistência de conexão; 7) inexistência de incapacidade de parte, defeito de representação ou falta de autorização; 8) inexistência de convenção de arbitragem; 9) inexistência de causas suspensivas ou extintivas do processo.

---

(21) *Derecho procesal civil*. Barcelona: Editorial Labor, 1936, p. 64.

2. Mandado de segurança

No que respeita, particularmante, ao processo de mandado de segurança, os seus pressupostos básicos compreendem: a) o direito líquido e certo; b) a ilegalidade ou abuso de poder; c) o ato de autoridade pública.

Passemos ao exame desses pressupostos.

2.1. Direito líquido e certo

Direito e interesse. Em que pese a circunstância de o art 5.º, LXX, da Constituição Federal vigente declarar que o mandado de segurança coletivo possa ser impetrado pelas entidades mencionadas nas letras *a* e *b*, em defesa dos *interesses* de seus membros ou associados, devemos advertir que o constituinte perpetrou aí falta manifesta e inescusável contra a técnica e os princípios, pois se sabe que a finalidade histórica do *mandamus* sempre foi a proteção de *direitos*, nunca de simples *interesses*. Mesmo assim, a proteção não alcança todo e qualquer direito, mas apenas aqueles destacados pelos atributos de liquidez e certeza.

Ensina José Cretella Jr. que quando o administrado ou o funcionário possui (mero) interesse perante a Administração, ele o pleiteia e pode acontecer de a Administração concordar com a pretensão manifestada, pois o interesse desta coincide com o daquele. Se, porém, o funcionário ou o cidadão tem interesse contrastante com o do Estado, este pode rejeitar a pretensão, hipótese em que o interessado poderá ingressar com recurso hierárquico, caso não se conforme com o indeferimento. "Bem diferente se torna o problema, entretanto, se o administrado ou o funcionário tem direito, porque o direito é sempre protegido pela norma jurídica. O interessado pode pleitear o direito judicialmente ou perante a Administração e esta não tem outra (*sic*) alternativa senão conceder a pretensão exigida, na via administrativa ou na via judiciária".[22]Poder-se-ia alegar, em objeção, com apoio na doutrina italiana, que os interesses legítimos podem ser tutelados mediante mandado de segurança. Nada mais equivocado. Sabemos que aquela doutrina forânea reconhece a existência de três classes de interesses: a) os *simples*, que correspondem às pretensões dos administrados não amparadas pelas normas legais, razão por que não podem obrigar a Administração a satisfazer tal pretensão; b) os *qualificados*, que dizem respeito a alguns administrados, em particular, e não a todos. Esse interesse é protegido pela norma jurídica e pode ser oposto à Administração; c) os *legítimos*, que embora se situem muito próximo dos direitos subjetivos públicos, destes se distinguem. O interesse legítimo não tem o *status* de direito, pois a obrigação jurídica da Administração de satisfazê-lo o foi com o intuito de atender ao interesse geral. O administrado é ocasionalmente protegido, pois a obrigação administrativa especial não foi instituída com vistas a ele.

---

(22) Obra cit., p. 26-27.

Liquidez e certeza do direito. Nenhum estudo sistemático da matéria relativa ao mandado de segurança obterá os resultados científicos desejados se não for precedido de uma investigação acerca do exato sentido da expressão pressuposto *direito líquido e certo*, solenemente inscrita nas normas legais disciplinadoras desse notável remédio processual produzido em nosso meio (CF, art. 5.º, LXIX; Lei n. 12.016/2009, art. 1.º, *caput*).

Em rigor, essa expressão, muito antes de ser incorporada aos textos normativos, já havia sido apropriada pela doutrina e pela jurisprudência. Pedro Lessa, *v.g.*, dela fizera largo uso em seus votos proferidos no Supremo Tribunal Federal, quando do julgamento de recursos interpostos em *habeas corpus*.(23) Conforme relatamos no Capítulo II, retro, o Ministro Muniz Barreto, por ocasião do Congresso Jurídico promovido pelo Instituto dos Advogados Brasileiros, em 1922, para celebrar o Centenário da Independência, propôs a criação de um instituto semelhante ao amparo mexicano, que teria a finalidade de tutelar direito certo e líquido não amparado por *habeas corpus*. Na fase da reforma constitucional, de 1926, o Deputado Gudesteu Pires, por Minas Gerais, apresentou um projeto (n. 148) pertinente ao "mandado de proteção e de restauração", no qual nos diz de um *direito pessoal líquido e certo* (art. 1.º). Odilon Braga, no projeto que apresentou à Câmara em 1927, emprega também essa expressão.

Mais tarde, João Mangabeira, integrante da Comissão do Anteprojeto de Constituição – denominada Comissão Itamarati –, cogita de um direito incontestável, locução que a Constituição Federal de 1934 ampliou para *direito certo e incontestável* (art. 113, n. 33). A Lei n. 191, de 15 de janeiro de 1936, fiel à nomenclatura adotada pelo texto constitucional então vigente, fez menção a *direito certo e incontestável* (art. 1.º, *caput*), expressão igualmente mantida pelo Código de Processo Civil de 1939 (art. 319, *caput*).

A Constituição de 1946, que devolveu o país ao regime democrático, declarava que o mandado de segurança servia à proteção *de direito líquido e certo* (art. 141, § 24). Essa expressão foi reproduzida pela Lei n. 1.533/1951 (art. 1.º); pela Constituição de 1967 (com a Emenda n. 1/69), no art. 153, § 21. Antes da Emenda de 1969, a Constituição de 1967 aludia a *direito individual líquido e certo* (art. 150, § 21).

A atual Carta Política do país, mantendo a tradição que tem raízes no Texto de 1946, refere o *direito líquido e certo* como objeto de tutela mediante mandado de segurança (art. 5.º, LXIX).

Conceito

Conforme expusemos em Capítulo anterior (II), o mandado de segurança foi instituído pela Constituição Federal de 1934 (art. 113, n. 33), com a finalidade de promover a defesa de direito certo e incontestável.

---

(23) *Do Poder Judiciário*. Rio de Janeiro: Livraria Francisco Alves, 1915, p. 345.

A doutrina e a jurisprudência dos primeiros momentos de vigência daquele texto constitucional, todavia, viram-se em grande dificuldade para precisar o sentido da expressão "direito certo e incontestável". Sentença proferida pelo MM. Juiz Federal Cunha Meio, em agosto de 1934, é corolário dessa afirmação: "Colhe-se da pesquisa feita nos Anais da Suprema Justiça Federal o conceito correntio do que, na técnica jurídica, se chama direito certo e incontestável: é aquele contra o qual não se podem opor motivos ponderáveis e sim meras e vagas alegações cuja improcedência o magistrado pode reconhecer imediatamente, sem necessidade de detido exame" – Acórdãos ns. 5.051, 5.090 e 8.108, HC, Diário Oficial de 18 de abril de 1920, 19 de novembro de 1919 e 4 de setembro de 1922", respectivamente.[24]

Em voto proferido no Mandado de Segurança n. 333, de 9 de dezembro de 1936, o Ministro Costa Manso pôde afirmar, com mestria: "Entendo que o art. 113, n. 33, da Constituição empregou o vocábulo 'direito' como sinônimo de poder ou faculdade, decorrente da 'lei' ou 'norma jurídica' (direito subjetivo). Não aludiu à própria 'lei ou norma' (direito objetivo). O remédio judiciário não foi criado para a defesa da lei em tese. Quem requer o mandado de segurança defende 'seu direito', isto é, o direito subjetivo reconhecido ou protegido pela lei. O direito subjetivo, o direito da parte, é constituído por uma relação entre a lei e o fato. A lei, porém, é sempre certa e incontestável. A ninguém é lícito ignorá-la, e com o silêncio, a obscuridade, a indecisão dela não se exime o juiz de sentenciar ou despachar (Código Civil, art. 5.º da Introdução). Só se exige prova do direito estrangeiro ou de outra localidade, e isso mesmo se não for notoriamente conhecido. O fato é que o peticionário deve tomar certo e incontestável, para obter mandado de segurança. O direito será declarado e aplicado pelo juiz, que lançará mão dos processos de interpretação estabelecidos pela ciência para esclarecer os textos obscuros ou harmonizar os contraditórios. Seria absurdo admitir se declare o juiz incapaz de resolver 'de plano' um litígio, sob o pretexto de haver preceitos esparsos, complexos ou de inteligência difícil ou de segurança".[25]

Na Constituição de 1946, o *direito certo e incontestável*, constante da de 1934 (a Carta de 1937 não previu o mandado de segurança), deu lugar ao *direito líquido e certo*. Sobre essa modificação terminológica pronunciou-se Castro Nunes: "O texto constitucional vigente suprimiu o incontestável, limitando-se a líquido e certo. Não mudam substancialmente os termos da questão. A fórmula aqui adotada é, em todo caso, preferível à anterior, no evitar a condição de incontestabilidade, sem sentido na terminologia judiciária. Direito líquido e certo, ou que assim deva ser declarado, situa-se, como já ficou explicado, no plano

(24) CAVALCANTI, Themístocles B. *Do mandado de segurança*. 4.ª ed. Rio de Janeiro: Freitas Bastos, 1957, p. 127-128.
(25) *Apud* Castro Nunes, obra cit., p. 92-93.

jurídico da obrigação certa quanto à sua existência, determinada quanto ao seu objeto e líquida na prestação exigida (...) líquido está no texto como reforço de expressão, mais na acepção vulgar de escoimado de dúvidas, o que equivale a certo, do que no sentido correlato da obrigação correspondente".[(26)]

Para Carlos Maximiliano, direito líquido e certo é o que "nenhum jurista de mediana cultura contestaria de boa-fé e desinteressadamente".[(27)]

Em Pontes de Miranda, essa expressão traduz aquele direito que não suscita dúvidas, que não apresenta obscuridades, que não necessita ser demonstrado, que é, de si mesmo, concludente e inconcusso: "Outro significado não se dá, em direito comercial, ao adjetivo *líquido*, cuja juridicidade os tempos já cunharam: título *líquido*, obrigação líquida são termos encontradiços e de efeitos especiais à sua qualidade. De *iliquidez* inquina-se um papel, ou direito, ou obrigação, ou título quando sobre ele pairam dúvidas razoáveis sobre o quanto. Tais considerações também cabem, em se tratando de mandado de segurança. Desde que com os documentos juntos fica patente o direito do suplicante, *líquido e certo* é o seu direito. Não deixa de ser certo e incontestável, se a controvérsia estabelecida somente concerne à revelação do direito objetivo, porque aí a incerteza ou contestabilidade é só subjetiva – é simples insuficiência do juiz. Por mais grave que seja a dúvida sobre a questão jurídica, não torna não-certo e não-incontestável o direito das partes. A lei, regra jurídica, incidiu quando devia incidir. Trata-se agora de dizer o que é que incidiu, qual foi a regra. Se o juiz não está a par do direito, isso nada tem a ver com as relações jurídicas. Para que possa deixar de conhecer do pedido, ou julgá-lo improcedente, denegando-o, com fundamento em não ser certo e incontestável, é de mister que mostre ser incerto e contestável, objetivamente; nunca seria suficiente dizer que há dúvida sobre o entendimento da lei ou sobre qual a lei que tenha regido a relação jurídica e, ainda, que haja discordâncias na jurisprudência. A certeza e liquidez não podem resultar da dúvida quanto à lei que rege esse direito, porque tal dúvida é subjetiva, existe e depende de condições interiores de estados de consciência e de convicção dos juízes, e não da relação jurídica. Por mais dúvidas que sinta o espírito do julgador na determinação da lei competente, isso não atua na situação jurídica que não passa, por esse acidente psíquico do julgador, a ser incerta e contestável. O direito existe ou não existe; mas, existindo, pode depender de provas, em dilações, e então é incerto e ilíquido".[(28)]

Alfredo Buzaid, por sua parte, chama a atenção para o fato de que embora o conceito de direito líquido e certo se aproxima do de título líquido e certo, deste se distingue: "O título líquido e certo é aquele que já contém uma declaração

---

(26) *Apud* Castro Nunes, obra cit; p. 120.
(27) *Comentários à Constituição brasileira*. vol. 3. 5. ed. Rio de Janeiro: Freitas Bastos, 1954, p. 147.
(28) *Comentários à Constituição de 1946*. vol. 4. 2. ed. São Paulo: Max Limonad, 1953, p. 368-370.

do direito constante do documento: torna certa a obrigação e determinado o seu valor. Em virtude dessas características formais e substanciais, o legislador conferiu a essa categoria de direitos ação executiva, na qual o autor nada tem que 1946"demonstrar, porque o documento vale por si como prova da obrigação; se o réu tem matéria relevante para impugnar a eficácia do título, há de argui-la, na contestação, abrindo-se assim a discussão de mérito. De outro modo, a ação será julgada procedente, sem que o autor tenha que provar qualquer coisa. O direito líquido e certo há de ser 'mais' do que 'o título líquido e certo, do ponto de vista substancial, embora seja 'menos' do que ele do ponto de vista formal. Não é da sua essência que esteja representado por um documento; pode-se dizer que geralmente não é, porque deriva da Constituição ou das leis. Mas, em compensação, para defini-lo não basta dizer que se trata de direito translúcido, evidente, acima de toda dúvida razoável, apurada de plano, sem detido exame nem laboriosas cogitações. Este conceito está repassado de acentuado subjetivismo, pois o que para um pode ser evidente e translúcido, para outro será duvidoso e controvertido. O que, a nosso ver, esclarece o conceito de direito líquido e certo é a ideia de sua incontestabilidade, isto é, uma afirmação jurídica que não pode ser séria e validamente impugnada pelo poder público que praticou ato ilegal ou de abuso de poder. Ele tem, na realidade, dois pólos: um positivo, porque se funda na lei; outro negativo, porque nasce da violação da lei. Ora, a lei há de ser certa em atribuir ao interessado o direito subjetivo, tornando-o insuscetível de dúvida. Se surge a seu respeito qualquer controvérsia, quer de interpretação, quer de aplicação, já não pode constituir fundamento para a impetração de mandado de segurança".(29)

E, mais adiante: "Líquido não quer dizer o *quantum debeatur* da obrigação. Quer dizer, ao contrário, direito estremado de dúvida, isento de controvérsia. O ato administrativo ilegal praticado pelo poder público não basta, por si só, para tornar duvidoso um direito líquido e certo. A violação não tem a virtude de desnaturar a essência do direito. Por isso mesmo, deve-se exigir dobrado rigor na concessão da segurança. Se ela pressupõe direito líquido e certo por parte do sujeito ativo, ilegalidade ou abuso de poder por parte do sujeito passivo, claro é que a medida só deve ser concedida mediante a verificação da concorrência desses elementos. Se houver ausência de um deles, o Judiciário deve denegar a medida, ficando ressalvado ao impetrante o exercício da via ordinária".(30)

Lembra Othon Sidou que a locução "direito líquido e certo" nunca foi um modo legislativo de dizer, sendo, isso sim, produto da jurisprudência pertinente ao *habeas corpus*, razão por que a julga paupérrima e redundante: "Todo direito é certo e incontestável. Se o fato é certo (líquido) e sobre ele não se pode levantar

---

(29) *RF*, 164:12-13.
(30) *Idem*, p. 13.

contestação razoável, e se, sendo fato, resulta em ilegalidade ou abuso de poder, há caso para o mandado de segurança, sempre. A locução é ainda extremamente vaga, em sentido subjetivo. Por tal motivo, o mandado de segurança não poderia condicionar-se a um direito líquido e certo antes de ser apreciado. A Constituição destina o mandado de segurança a proteger direito líquido e certo não amparado por 'habeas corpus'. Gramaticalmente, esse *writ* se destinaria, portanto, a amparar, também, um direito líquido e certo. Mas, em termos jurídicos, isso resulta em contra-senso, porque o *habeas corpus* é instituto destinado à defesa da liberdade de locomoção e, como tal, se ergue contra os coartamentos dessa liberdade. Se o direito líquido e certo fosse, no seu caso, a liberdade, ter-se-ia que, em face do *habeas corpus*, a liberdade seria restringida, porque líquido e certo são termos modificativos e qualificam uma situação. Temos que a dificuldade resulta – daí os erros – em se tentar definir o que seja direito líquido e certo. No sentido constitucional, que é o que importa, a expressão, em sentido positivo e solto, é uma abstração; nem há por que cogitar, em vão esforço mental, o que seja e como possa definir-se. Ninguém o conseguiu, que lograsse um consenso. Dificilmente, alguém o conseguirá. Primeiramente, porque todo o direito é certo, e, se não se quiser dar-lhe expressão aritmética *res quae numero, pondere vel mensura consistent* – também é líquido. Não existe direito ilíquido e certo. O máximo a que o raciocínio, na espécie, pode conduzir é que o título (processual) seja líquido ou certo. Portanto, o que aproveita é tomar a ideia da locução em seu caráter negativo e sintático; é entender o que seja o agravo a direito líquido e certo".[31]

Esclarece Castro Nunes que se a obrigação é certa, certo será também o direito, observando que se costuma confundir *obrigação líquida* com *obrigação certa,* misturando-se *obrigação* com *prestação*: aquela é que terá de ser certa, podendo esta ser líquida ou ilíquida. A certeza se define pela existência mesma da obrigação, *an debeatur*, a liquidez pelo *quantum debeatur*".[32] Diz, ainda, o eminente jurista: "A noção de direito certo (incontestável é expressão enfática, sem sentido na técnica do direito) é correlata da de obrigação certa, *an debeatur*, conhecida no direito privado; certeza, condição da liquidez, se mede pela existência mesma da obrigação (CC, art. 1.533), isto é, pela possibilidade de encontrá-la em termos expressos no contrato. Nas relações de direito público, ajuizáveis pelo mandado de segurança, será a lei o assento da verificação da certeza da obrigação exigida da Administração no cumprimento de dado dever funcional (prestação determinada). A essa obrigação certa do poder público, a esse dever legal da Administração é que corresponde o direito certo de se lhe exigir a prestação devida donde resulta que o exame desse direito e a sua consequente conceituação se

---

(31) Obra cit., p. 119.
(32) Obra cit., p. 75.

situam na apreciação da legalidade do procedimento administrativo, a que se reduz, em última análise, o problema".[33]

Visando a contribuir para a tarefa de fixar o conceito de direito líquido e certo, Miguel Seabra Fagundes aduz que mesmo sendo intricada a questão legal apresentada, mesmo que a perplexidade diante de um texto obscuro possa explicar a denegação de um direito pela autoridade pública, mesmo assim, o juiz, convencendo-se de que o impetrante está com a razão, deverá conceder-lhe a segurança: "Estabelecida a liquidez e certeza dos fatos, como pressuposto de aplicação da norma escrita, ao juiz não cabe encontrá-la, por mais que se tenha de desvelar para tal, a fim de, ajustando o direito positivo à espécie, decidi-la, concedendo ou denegando o mandado. O intricado do aspecto de direito, a obscuridade na norma a aplicar ou a dúvida sobre qual seja ela, não excluirão, por si sós, o cabimento do pedido, porquanto já não se exige que o texto da lei também se ofereça claro, isto é, que o ato denegatório do direito seja manifestamente contrário a ela".[34]

O saudoso Min. Orozimbo Nonato, dando ênfase à interpretação da norma, sustentou, em voto proferido no Supremo Tribunal Federal, que o mandado de segurança repele a alta indagação de fatos complexos, intricados ou duvidosos e que o direito tem de ser certo, pois está na lei, destacando que o critério da certeza, como o da clareza, é assunto de foro individual: "Concluir o contrário, isto é, que a controvérsia, qualquer controvérsia, exclui a certeza, seria tornar destituído de qualquer alcance prático o mandado de segurança, pois não haverá tese, ou proposição, que reúna o sufrágio unânime dos juristas. A incerteza nunca vem do direito, mas de sua interpretação. Esta é que varia de intérprete a intérprete, de juiz a juiz, dando a impressão da incerteza daquele. E como esta interpretação, apesar dos processos geralmente seguidos, depende de múltiplos elementos livres de convicção, sempre que tem o juiz como certo o direito, embora o neguem, sendo incontestável o fato de que ele se origina, deverá conhecer o mandado".[35]

Contrariamente, contudo, ao que opinaram alguns dos juristas mencionados, pensamos que a expressão direito líquido e certo não foi introduzida na Constituição Federal de 1946 (art. 141, § 24), nem mantida nas legislações posteriores, para ser inteligida em seu sentido técnico, ou seja, ligada à teoria das obrigações. Logo, não nos parece apropriada a alusão feita por esses autores ao Código Civil, na tentativa de encontrar o senso literal da locução. Se menção deva

---

(33) *Idem*, p. 100-101.

(34) *O controle dos atos administrativos pelo Poder Judiciário*. 4.ª ed., Rio de Janeiro: Forense, 1968, p. 299.

(35) *Apud* José Cretella Jr., obra cit., p. 35.

ser feita àquele Código, haverá de ser, apenas, para denunciar o caráter tautológico da expressão em exame, pois de conformidade com o art. 1.533 do estatuto material civil vigente na época, considerava-se "*líquida* a obrigação *certa*, quanto à sua existência, e determinada, quanto ao seu objeto" (destacamos). Isso quer dizer que o conceito jurídico de *certeza* estava – e ainda está – compreendido, substancialmente, no de *liquidez*, de tal maneira que será bastante referir esta para subentender-se aquela.

A expressão *direito líquido e certo* tem, portanto, em seu enunciado, muito mais de retórica do que de técnica e os seus termos só se justificam pelo traço reforçativo da ideia de algo que deva ficar fora de qualquer dúvida razoável. Esse algo, que tais termos buscam enfatizar, é o *fato*, não o direito. Por deturpação doutrinal, entretanto, deslocou-se o eixo central, colocando-se a tônica, a inflexão emocional da locução no "direito", quando, na verdade, o núcleo dessa exaltação deveria ter sido o *fato* – assim considerado como todo acontecimento no mundo sensível, capaz de causar repercussão na ordem jurídica.

Em sede de mandado de segurança, conseguintemente, será *líquido e certo* o direito que decorra de um *fato* inequívoco, cuja existência possa ser plenamente comprovada, em regra, mediante documentos juntados à petição inicial. Se a demonstração do *fato* reclamar o uso de outros meios de prova (testemunhal, pericial), o direito subjetivo que vier a ser reconhecido não estará revestido dos atributos de liquidez e certeza, e, em razão disso, não ensejará a sua tutela pelo mandado de segurança, mas por outra via.

Sob certo aspecto, se a liquidez e a certeza, de que tanto se fala no plano das ações de segurança, respeitassem, efetivamente, ao direito (como tem imaginado a maioria dos juristas), e não ao fato, toda vez que o juiz concedesse liminarmente a medida, isso haveria de ser interpretado como uma pronúncia antecipada (prejulgamento) sobre o mérito – o que seria até ironicamente lógico, se considerarmos a "indiscutibilidade" do direito subjetivo alegado. Não é assim, entretanto, que se passam as coisas. Quando o juiz defere, *in limine*, a providência assecuratória, ele não está, em rigor, com os olhos postos na liquidez e na certeza *do direito* do impetrante, e sim no *fato* de que se origina o direito – *fato* cuja existência se encontra patenteada nos autos, por meio de documento anexado à petição inicial.

A cognição (relação entre o sujeito-cognoscente e o objeto-cognoscível), pois, que se verifica na ação de segurança é tocante ao fato e sua incontestabilidade (liquidez e certeza), particularidade que justifica, inclusive, a outorga de liminar, ainda que, no pronunciamento final, de mérito, se venha a não reconhecer o direito subjetivo invocado pelo solicitante do *mandamus*.

Visto o problema sob esse ângulo, tem razão Celso Agrícola Barbi ao asseverar que o conceito de direito líquido e certo é tipicamente processual, na medida em que atende ao modo de ser de um direito subjetivo no processo: "a circunstância de determinado direito subjetivo realmente existir não lhe dá caracterização de liquidez e certeza; esta só lhe é atribuída se os fatos em que se fundar puderem ser provados de forma incontestável, certa, no processo. Isto normalmente só se dá quando a prova for documentada, pois esta é adequada a uma demonstração imediata e segura dos fatos".(36)

Em síntese, temos para conosco que os atributos de *liquidez* e *certeza*, de que falam a Lei n. 12.016/2009 e a Constituição da República (art. 5.º, LXIX), se referem não ao direito em si, mas ao *fato* em que se funda o direito alegado. A entender-se de modo diverso, como dissemos, seria difícil explicar certas situações correntias no foro, como aquelas em que o relator concede a liminar, sob o pressuposto de que a liquidez e a certeza sejam pertinentes ao direito, mas, o mesmo relator, no julgamento do mérito, vota pela cassação da liminar. Como seria possível sustentar-se, nesta hipótese, a afirmação de que a liquidez e a certeza seriam atinentes ao direito, se este não foi reconhecido quando do julgamento do mérito, ou seja, foi formalmente contestado pelo próprio juiz que concedera a liminar?

Não podemos deixar de mencionar o entendimento, algo peculiar, de Tereza Arruda Alvim Wambier, para quem a expressão *direito líquido e certo* apresenta sentidos diversos, conforme diga respeito ao juízo de admissibilidade ou ao juízo de mérito. No primeiro, significa "direito (incidência do direito = fato + norma) provável de plano, documentalmente"; no segundo deve o juiz verificar se o direito "é de fato incontestável, insuscetível de dúvida" – concluindo que se assim não fosse, haveria "sobreposição intolerável" entre o juízo de admissibilidade e o de mérito.(37) Conforme deixamos assinalado em linhas anteriores, não nos parece correto afirmar-se a existência de direitos *incontestáveis* (ou mesmo insuscetíveis de dúvida), levando em conta o fato de que, muitas vezes, o sentido da norma legal depende da interpretação que se lhe vier a dar, seja do ponto de vista literal, histórico, político, teleológico, ideológico etc. O direito, como se sabe, não pertence ao grupo das ciências exatas. Por isso, seguimos entendendo que os requisitos legais de *liquidez* e *certeza* se referem, na verdade, ao *fato* de que se origina o direito alegado pelo impetrante. O que nos parece é que, em sede de liminar, o juiz verificará a plausibilidade ou a probabilidade da existência do direito, reservando-se para examinar a efetiva existência do direito (que até pode ter sido contestado) no ensejo do pronunciamento de mérito.

---

(36) Obra cit., p. 85.

(37) *Mandado de segurança, ação popular, ação civil pública, mandado de injunção,* habeas data. 17. ed. São Paulo: Malheiros, 1996, p. 17-18.

2.2. Ilegalidade ou abuso de poder

No sistema da Constituição de 1934, o pressuposto para a concessão do mandado de segurança era a ameaça ou lesão de direito certo e incontestável, "por acto manifestamente inconstitucional ou illegal de qualquer autoridade" (art. 113, n. 33).

Em harmonia com a dicção constitucional daquele período, a Lei n. 191, de 15 de janeiro de 1936, reguladora do processo de mandado de segurança, exigia que o autor fizesse, na petição inicial, referência expressa ao texto constitucional ou legal em que se baseava o direito ameaçado ou violado pelo ato da autoridade (art. 7.º, *e*).[38]

Por força dessas disposições legais, a doutrina do período cuidava de advertir que se a ilegalidade ou a inconstitucionalidade não se apresentassem aos olhos do juiz em termos inequívocos, patente não seria a violação, e, em virtude disso, "certo e incontestável" não seria o direito: "E pela evidência do dever legal da autoridade, seja para praticar o ato, seja para abster-se de o praticar, que se mede o direito correspondente com a qualificação de certo e incontestável", disse Castro Nunes.[39]

A locução "ato manifestamente inconstitucional ou ilegal", porém, foi abandonada pela Constituição de 1946, que preferiu a fórmula *ilegalidade ou abuso de poder* (art. 141, § 24) – mantida, literalmente, pelas Constituições posteriores (1967, art. 150, § 21; Emenda n. 1/69, art. 153, § 21), inclusive pela atual (art. 5.º, LXIX).

Teria agido com acerto o constituinte (e, por influência deste, o legislador ordinário) ao colocar de parte a expressão "manifestamente inconstitucional ou ilegal", introduzida na Constituição de 1934 com inspiração no direito norte-americano? Pensamos que sim, pois, *lato sensu*, a ilegalidade compreende a inconstitucionalidade, motivo por que bastaria o emprego exclusivo da primeira para abarcar-se a segunda.

Teria agido com o mesmo acerto, por outro lado, ao apegar-se à expressão substituinte: "ilegalidade ou abuso de poder"? Julgamos que não, porquanto não se pode cogitar de abuso de poder sem que esteja presente, de maneira automática, a ilegalidade do ato praticado pela autoridade pública. A nosso ver, esta constitui o gênero da qual aquela representa espécie. Sendo assim, teria sido suficiente, para atender à lógica e ao direito, que o legislador aludisse, unicamente, à ilegalidade, para estar aí implícito o abuso de poder.

---

(38) Deveria o autor, ainda, fazer a "demonstração de ser o direito alegado certo e incontestável" (art. 7.º, *c*).

(39) Obra cit., p. 129.

José Cretella Júnior, após afirmar que a ilegalidade é o gênero de que o abuso do poder é espécie, e que "Não há um só caso de abuso de poder que não configure também ilegalidade", ressalva a possibilidade de haver caso de ilegalidade que não caracterize abuso de poder: "A ilegalidade do ato de autoridade que fere direito líquido e certo pode consistir não no abuso de poder, como, por exemplo, em casos de incompetência do agente. Há ilegalidade, neste caso, e não há abuso de poder. Desapropriação editada mediante portaria, e não mediante decreto, é desapropriação ilegal. Ocorreu, no caso, ilegalidade, mas, neste caso, não ocorreu, porém, abuso de poder",[40] arrematando ter sido sábia a lei em separar as duas figuras: a de ilegalidade e a do abuso de poder.[41]

Conquanto reconheçamos que o abuso de poder se distinga da ilegalidade, por estar ajoujado à transgressão das regras de competência, insistimos em argumentar que não havia necessidade de o legislador mencionar ambas as figuras, pois, para efeito de impetração do mandado de segurança, atenderia, amplamente, aos princípios e aos objetivos do Estado de Direito a simples referência à ilegalidade do ato praticado pela autoridade pública. Segundo nossa óptica, o abuso de poder, no âmbito da ação de segurança, corresponde àquela "quinta roda do carro", a que aludiu Carnelutti, para expressar a ideia de algo inútil à ciência processual.[42]

Ainda que possa haver ilegalidade sem abuso de poder, o inverso é impossível; o que conta é a ilegalidade.

A despeito disso, nossa legislação (constitucional e ordinária), na linha de uma tradição iniciada com a Carta Política de 1946, fala em ilegalidade e abuso de poder; em virtude disso – e sem renunciarmos ao ponto de vista há pouco manifestado –, deitemos algumas considerações acerca de uma e de outro.

Ilegalidade. O princípio da legalidade está inscrito no art 5.º, II, da Constituição Federal: "*ninguém será obrigado a fazer ou deixar de fazer alguma coisa senão em virtude de lei*" (realçamos). Assim, se o ato de autoridade pública for contrário à lei, e implicar lesão ou ameaça a direito líquido e certo do indivíduo ou da coletividade, aberta estará a via para a impugnação desse ato pelo mandado de segurança.

Convém reiterar que a ilegalidade, em sentido lato, abarca a inconstitucionalidade, pois, como bem salientou Othon Sidou, "a inconstitucionalidade é a maior das ilegalidades".[43]

---

(40) Obra cit., p. 50.
(41) *Idem.*
(42) Lite e processo. *Studi di diritto processuale*, vol. III. Padova: CEDAM, 1939, p. 21 e ss.
(43) Obra cit., p. 248.

Particularmente, no que respeita à administração pública, esta se encontra subordinada aos princípios da legalidade, impessoalidade, moralidade, publicidade, como declara o art. 37, *caput*, do texto constitucional vigente. Isso significa dizer que enquanto o particular tem a faculdade de praticar atos não proibidos por lei, a administração pública só pode realizar atos autorizados por norma legal.

De modo geral, para os efeitos do mandado de segurança, estará caracterizada a ilegalidade do ato quando: a) houver lei que proíba a sua realização, ou a determine; b) inexista lei que atribua a competência para praticá-lo ou haja dever de praticá-lo; c) contrariar lei expressa, regulamento ou princípio de direito público; d) desrespeitar os princípios ou as normas constantes do art. 37 da Constituição e outros, consagrados pelo direito; e) não estiver incluído nas atribuições legais do agente, ou, estando incluído, houver omissão; f) existir usurpação de funções, abuso de funções ou invasão de funções; g) houver vício de competência, de forma, objeto, motivo ou finalidade; l) estiver em desacordo com a norma legal ou decorrer de norma ilegal ou inconstitucional.[(44)]

Abuso de poder. Os poderes de que a administração pública se encontra legalmente provida classificam-se em: a) vinculados e b) discricionários. Aqueles (também denominados de regrados) são os atribuídos por lei, com determinação da competência, da finalidade e dos requisitos indispensáveis à sua regular formalização; estes, embora também provenham, implícita ou explicitamente, da lei, são concedidos para a prática de atos com liberdade de escolha quanto à conveniência, oportunidade e conteúdo.

Poder discricionário não se confunde, porém, com poder arbitrário; enquanto o primeiro espelha a liberdade de ação administrativa dentro dos limites fixados em lei, o segundo reflete a atuação contrária à lei, ou com transbordamento dos lindes por ela estabelecidos.

Mesmo em se tratando de poderes discricionários, a administração pública direta, indireta ou das fundações, da União, dos Estados, do Distrito Federal e dos Municípios está rigidamente submetida ao império da lei. Sempre, pois, que o poder for exercido em desacordo com a lei ou com os princípios inerentes à administração pública (em especial, o pertinente à legalidade) haverá abuso, a desafiar a impetração do *mandamus*.

Via de regra, são caracterizados pela discricionariedade os atos decorrentes do exercício do poder de polícia, que consiste na discrição administrativa realizada no interesse superior da preservação da ordem, da segurança geral, da higiene, da salubridade pública, do conforto ou do bem-estar das populações etc.[(45)]

---

(44) PACHECO, José da Silva. Obra cit., p. 120-121.
(45) Castro Nunes. Obra cit., p. 132.

Como assinala Othon Sidou, abuso de poder "é agir dentro da lei mas contra ela no sentido subjetivo, o que evidencia tratar-se de um gênero em que se abrigam espécies, como o excesso de poder e o desvio de poder. Consequentemente, é de dizer também que todo excesso ou desvio é abuso de poder, mas nem sempre este se manifesta na forma de excesso ou de desvio de poder. A locução integrante do texto constitucional abrange, pois, quaisquer situações nas quais um delegado do Poder Público extralimite sua função de agir, ora com excesso, ora com desvio, e sempre com abuso".[46]

Não obstante o fato de os juristas brasileiros utilizarem as expressões "abuso de poder", "excesso de poder" e "desvio de poder", como se houvesse absoluta sinonímia entre elas, no abuso e no excesso a violência e o arbítrio são evidentes, o que já não ocorre no desvio, em que a violência é camuflada, sub-reptícia, "tal a astúcia da autoridade".[47]

Falando em termos de conceito, o abuso de poder (desviación de poder, dos espanhóis; sviamento de *potere*, dos italianos; *abuse of discretion*, dos norte-americanos) se caracteriza quando a autoridade competente excede aos limites de suas atribuições ou se desvia das finalidades administrativas; ora surge de maneira manifesta, prepotente, ora dissimulada, ora aparentando legalidade. A Constituição Federal assegura a todos "o direito de petição aos Poderes Públicos em defesa de direitos ou contra ilegalidade ou *abuso de poder*" (art. 5.º, XXXIV, *a* – destacamos). Dá-se o *excesso de poder* (que, com o desvio de finalidade, forma as espécies do gênero abuso de poder) quando a autoridade, ainda que competente para realizar o ato, exorbita dessa competência, e, com isso, invalida o ato, pois lhe é defeso agir além dos limites estabelecidos por lei. O ato, assim praticado, torna-se arbitrário. O *desvio de finalidade* (ou de poder) se verifica quando a autoridade, mesmo agindo dentro dos limites de sua competência, pratica o ato por motivos ou com fins diversos dos colimados pela lei ou exigidos pelo interesse público. É a violação moral da lei, praticada, em regra, às escondidas ou disfarçada de legalidade e de interesse público, como ocorre, por exemplo, quando classifica um concorrente por mero favoritismo, sem atender aos fins buscados pela licitação.[48]

2.3. Ato de autoridade pública

2.3.1. Do Poder Executivo

Ao discursarmos, no Capítulo VI, pretérito, sobre as condições da ação de segurança, pudemos demonstrar que legalmente legitimada para integrar o polo passivo da relação jurídica processual é a *autoridade pública*, que, por

---

(46) Obra cit., p. 248.
(47) CRETELLA, José Jr. Obra cit., p. 53.
(48) MEIRELLES, Hely Lopes. Obra cit., p. 73-75.

ação ou omissão, tenha lesado ou ameace lesar direito líquido e certo, individual ou coletivo.

Retomemos, agora, o tema, para aprofundar-lhe o estudo.

Embora o art. 1.º, *caput*, da Lei n. 12.016/2009 aluda a "autoridade, seja de que categoria for e sejam quais forem as funções que exerça", o art. 5.º, LXIX, da Constituição Federal circunscreve o uso do mandado de segurança aos casos em que a violação ou a ameaça de violação a direito subjetivo líquido e certo emane de ato praticado por *autoridade pública* (ou por agente de pessoa jurídica, no exercício de atribuições do Poder Público).(49)

A jurisprudência, entretanto, após vacilação inicial, acabou por admitir a impetração do *writ* contra ato de diretor de estabelecimento particular de ensino superior, por entendê-lo exercente de função delegada do poder público.

O conceito de autoridade pública é largo, abarcando não apenas o agente da Administração direta, como o da Administração indireta, além do dirigente de autarquia e de fundação pública.

Questão de relevante interesse prático diz respeito a saber qual será a autoridade pública coatora quando o ato tenha sido praticado ou aperfeiçoado por mais de um agente. Para a solução do problema devemos recorrer à classificação dos atos administrativos para observar que compreende, do ponto de vista da formação: a) os simples; b) os complexos; c) os compostos.

Simples é o ato que deriva da manifestação de vontade de um só órgão, seja unipessoal, seja colegiado, pouco importando o número de pessoas que tenha participado da elaboração do ato; *complexo*, o que se constitui pela convergência de vontades, ou seja, que decorre da manifestação volitiva de mais de um órgão administrativo. A nota essencial dessa modalidade de ato é conjugação das vontades de órgãos distintos, para a formação do ato; *composto*, o que é produto da vontade de um órgão, mas depende da verificação, por parte de outro, para tornar-se exequível. É, *v.g.*, o caso de uma autorização que necessite do *visto* de uma autoridade superior.(50)

Em princípio, a jurisprudência vem exigindo que, no ato *complexo*, sejam notificadas todas as pessoas (autoridades) que participaram de sua realização (e execução), constituindo-se, assim, um regime litisconsorcial do tipo necessário,

---

(49) A Lei n. 8.069, de 13.07.1990 (Estatuto da Criança e do Adolescente) estatui: "Contra atos ilegais ou abusivos de autoridade pública ou agente de pessoa jurídica no exercício de atribuições do Poder Público, que lesem direito líquido e certo previsto nesta lei, caberá ação mandamental, que se regerá pelas normas da lei do mandado de segurança" (art. 212, § 2.º).

(50) MEIRELLES, Hely Lopes. Obra cit., p. 130-131.

pouco importando que isso acarrete uma cisão da competência. A despeito de correta essa orientação jurisprudencial, sob o ângulo da técnica, ela conduz a extraordinários embaraços no plano da realidade concreta, pois a exigência da notificação de todas as pessoas que participaram do ato impugnado haveria de provocar uma tardança da apreciação do pedido de concessão do *mandamus*, com graves consequências para o direito líquido e certo do impetrante. Entendemos, por isso, que seria suficiente a notificação da autoridade que tenha efetivamente praticado o ato, ou nele intervindo para aperfeiçoá-lo, a quem caberia prestar as informações na qualidade de coatora.

Diverso é o que ocorre no ato *composto*, em que, embora haja dois ou mais atos interligados, a vontade essencial é somente de um órgão, limitando-se o outro a examinar os aspectos formais do ato. Em face disso, o mandado de segurança poderá ser impetrado unicamente com relação ao ato oriundo da vontade a que chamamos de essencial, sem que deva ser notificado o órgão que o tenha aprovado. Reconhecemos, todavia, a existência de controvérsia doutrinária e jurisprudencial quanto a este ponto.

Questão não menos delicada é a concernente à indicação errada da autoridade coatora.

Caso o impetrante constate o erro em que incidiu, consistente em indicar como autoridade coatora pessoa ou órgão diverso daquele que efetivamente deveria integrar o polo passivo da relação processual, poderá requerer ao juiz a notificação da autoridade certa. Entendíamos, na vigência da Lei n. 1.533/1951, contudo, que, *ex vi* do disposto no art. 264 do CPC de 1973, essa modificação subjetiva da autoridade somente seria possível se a anteriormente indicada não tivesse sido ainda notificada. Se a notificação já tivesse sido realizada, e a autoridade arguísse a sua ilegitimidade, caberia ao juiz – desde que convencido dessa ilegitimidade – declarar extinto o processo sem exame do mérito (CPC de 1973, art. 267, VI). A Lei n. 12.016/2009, contudo, dispôs, no § 4.º do art. 6.º, que se a autoridade indicada como coatora suscitasse a sua ilegitimidade, a impetrante poderia emendar a inicial no prazo de dez dias, desde que respeitado o prazo decadencial de cento e vinte dias. Conquanto esse dispositivo legal tenha sido vetado pelo Sr. Presidente da República, entendemos que, no processo do trabalho, a emenda à petição inicial deve ser admitida, a fim de que, entre outras coisas, o princípio da simplicidade, que deve presidir o mencionado processo, deixe de pertencer ao aparatoso domínio da vã retórica.

Nada obsta, por outro lado, a que o próprio juízo providencie, por sua iniciativa (vale dizer, sem requerimento do impetrante), a notificação da autoridade coatora legítima, respeitando, sempre, a regra inscrita no art. 329 do CPC de 2015.

Seja como for, em quaisquer das situações referidas, a substituição da autoridade coatora somente será possível se não se houver esgotado o prazo para a impetração do *writ*. Um exemplo: se a ação de segurança foi ajuizada, digamos, quando faltavam dois dias para exaurir-se o prazo e o impetrante, cinco dias após, percebe que apontou como coatora autoridade diversa da que realmente era, não mais poderá proceder à alteração subjetiva, ainda que a notificação não tenha sido efetivada.

Como se nota, a solução que damos ao problema está inspirada no princípio da variabilidade, de que se ocupava o art. 809 do CPC de 1939[51] e que foi recepcionado pelo vigente estatuto processual civil, pois não há, nesse ponto, antagonismo entre os dois sistemas. Essa variação, no terreno do mandado de segurança, atine não ao remédio jurídico utilizado e sim à autoridade coatora.

Não cremos que o sistema introduzido pela Lei n. 12.016/2009 nos obrigue a abandonar a opinião que acabamos de revelar e que estamos a manter desde a Lei n. 1.533/1951. O indeferimento "desde logo", de que fala o art. 10, *caput*, da Lei n. 12.016/2009, não pode se sobrepor aos princípios medulares do processo do trabalho, entre os quais se avulta o da simplicidade.

É importante ressaltar que a configuração da "autoridade coatora", segundo o sentido jurídico da expressão, se encontra indissoluvelmente ligada ao seu *status* de órgão que age com parcela de poder público. Duas conclusões imediatas extraem-se desse postulado: em primeiro lugar, a de que, embora remotamente, o particular pode ser indicado como autoridade coatora, desde que o ato molestador de direito líquido e certo tenha sido praticado no exercício de funções delegadas do poder público, como acontece, *e.g.*, com os diretores de estabelecimentos particulares de ensino superior; em segundo, a de que unicamente os denominados *atos de império* ensejam a impetração do *mandamus*. Assim o é porque, mediante os atos dessa natureza, a administração pública ostenta, finalisticamente, uma posição de preeminência jurídica em face do particular, ao qual impõe a sua vontade. Já os atos ditos *de gestão* são os praticados pela administração pública em condições de igualdade com o particular – igualdade no plano das relações jurídicas materiais. Se a administração pública demite um servidor contratado pelo regime da legislação trabalhista, não se há que pensar em mandado de segurança para restaurar eventual direito lesado, pois a ruptura do contrato de trabalho, por parte da administração pública, amolda-se, como a mão à luva, ao conceito de atos de gestão.

Como estamos a versar dos órgãos do Poder Executivo na qualidade de autoridade coatora, para efeito de mandado de segurança é recomendável lembrar

---

(51) Art. 809. A parte poderá *variar* de recurso dento do prazo legal, não podendo, todavia, usar, ao mesmo tempo, de mais de um recurso (destacamos).

que a administração pública vem sendo classificada em: a) direta e b) indireta (ou centralizada e descentralizada, como prefere Hely Lopes Meirelles).[52]

A primeira é formada pelos serviços integrados na estrutura administrativa da Presidência da República e dos Ministérios; a segunda, dotada de personalidade jurídica própria, vincula-se ao Ministério em cuja área de competência se compreende a sua principal atividade, conquanto possua autonomia administrativa e financeira. Integram a administração indireta as autarquias, as empresas públicas e as sociedades de economia mista. A *autarquia* é pessoa jurídica de direito público e realiza serviço destacado da administração direta e suas atividades são típicas da administração pública. A *empresa pública* é pessoa jurídica de direito privado, podendo possuir quaisquer das formas admitidas em direito, embora o seu capital seja exclusivo da União (pois estamos considerando somente a administração pública federal),[53] a sua finalidade é a exploração de atividade econômica, em virtude de contingência ou de conveniência administrativa. A *sociedade de economia mista* é, igualmente, pessoa jurídica de direito privado, constituída sob a forma de sociedade anônima e mediante o controle majoritário da União ou de outra entidade da administração indireta e tem como objetivo a exploração de atividade econômica, sem depender das circunstâncias que autorizam a criação de empresa pública.

O Decreto-Lei n. 200/1967 incluía as fundações, instituídas por lei federal e de cujos recursos participasse a União, na administração indireta (art. 4.º, § 2.º). O Decreto-Lei n. 900/1969, entretanto, declarou, enfaticamente, que ditas fundações não integram a administração *indireta*, em que pese o fato de as ter sujeitado à supervisão ministerial, na forma do art. 26 do Decreto-Lei n. 200/1967 – desde que recebam subvenções ou transferências à conta do orçamento da União. São, portanto, entidades paraestatais.

Comentário – ainda que breve – acerca dos *agentes públicos* é algo que interessa ao escopo deste livro.

Agentes públicos são as pessoas incumbidas, de maneira permanente ou transitória, do exercício de funções estatais. Compreendem quatro categorias distintas: a) agentes *políticos*, que são os integrantes do primeiro escalão do Governo, investidos em cargos, funções, mandatos ou comissões, seja por nomeação, eleição, designação ou delegação, para o exercício de atribuições previstas na Constituição.

---

(52) Obra cit., p. 632.

(53) Embora seja essa a dicção do art. 5.º, II, do Dec.-Lei n. 200/1967, o Dec.-Lei n. 900/1969, em seu art. 5.º, admite a participação de outras pessoas de direito público interno, assim como de entidades da administração indireta da União, dos Estados, do Distrito Federal e dos Municípios, contanto que a maioria do capital com direito a voto seja da União.

Não são funcionários públicos *stricto sensu* e, por isso, não estão submetidos ao regime estatutário comum. São as autoridades públicas supremas, do Governo e da Administração, nas áreas em que atuam; b) agentes *administrativos* é expressão que abarca todos aqueles que se vinculam ao Estado ou às suas entidades autárquicas, estando sujeitos, nessa relação profissional, à hierarquia funcional e ao regime estatutário da entidade a que servem. Não são membros do Poder estatal, nem o representam. Aí se incluem os dirigentes de entidades paraestatais (empresas públicas, sociedades de economia mista e fundações instituídas pelo Poder público, com prévia autorização legislativa); c) agentes *honoríficos* são pessoas que, por sua condição cívica, por sua honorabilidade, por sua capacidade profissional etc., veem-se nomeadas, designadas ou convocadas para prestar, em caráter transitório, certos serviços ao Estado. Esses serviços – que representamum *munus* público – são geralmente prestados sem remuneração e sem qualquer vínculo trabalhista ou estatutário (jurados, mesários eleitorais, comissários de menores). Não são funcionários públicos, a despeito de exercerem, transitoriamente, função pública. Apenas para efeitos penais são *equiparados* a funcionários públicos (CP, art. 327); d) *agentes delegados* são os particulares que recebem o encargo de executar determinada atividade, obra ou serviço público, fazendo-o em nome próprio, por sua conta e risco, mas de acordo com as normas do Estado e mediante permanente fiscalização do delegante. É o caso dos concessionários e dos permissionários de obras e serviços públicos, bem como dos serventuários de ofícios ou cartórios não estatizados, dos leiloeiros, dos tradutores, dos intérpretes públicos e de tantos outros. Os seus atos ou omissões, desde que lesem ou ameacem lesar direito subjetivo líquido e certo, permitem a impetração de mandado de segurança, pois tais agentes são considerados, legalmente, autoridade (Lei n. 12.016/2009, art. 1.º, § 1.º). A Súmula n. 510 do Supremo Tribunal Federal, chancela este entendimento.

2.3.2. Do Poder Legislativo

São de duas ordens os atos praticados pelo Poder Legislativo: a) os que se submetem às formalidades constitucionais indispensáveis à sua configuração como norma legal, seja qual for a matéria de que cuidem; e b) os que não se sujeitam a tais requisitos, sendo, no geral, decorrentes da autonomia e do bom funcionamento desse Poder.

A doutrina e a jurisprudência de nosso país sempre admitiram o uso do mandado de segurança para impugnar atos do Poder Executivo – lesivos de direito subjetivo líquido e certo – que não se apresentassem sob a forma de lei e que fossem materialmente administrativos. A Constituição em vigor, a propósito (na mesma linha das anteriores), prevê a suplicação do *writ* contra ato das Mesas da Câmara dos Deputados e do Senado Federal (art. 102, I, *d*).

Questão que ainda vem atormentando a doutrina respeita à possibilidade de o mandado de segurança ser impetrado contra lei. Para efeito de adequada apreciação metodológica do assunto, consideremos a lei sob dois aspectos: a) formal; e b) material.

Lei formal. Sendo o conteúdo da lei um ato tipicamente administrativo, dizemos que são leis em sentido meramente formal (extrínseco). Nesse caso, havendo violação ou ameaça a direito subjetivo líquido e certo, deve ser admitido o emprego do mandado de segurança, que terá como alvo não a lei em seu aspecto formal, e sim o seu conteúdo. O *writ* estará aqui sendo utilizado, em última análise, para impugnar um ato administrativo, que se apresenta sob a forma de lei.

Lei material. Se o ato da legislatura traz não só formalmente, mas também materialmente a característica de lei, em virtude dos traços de generalidade e de abstração, a doutrina e a jurisprudência repelem a sua impugnação por meio de mandado de segurança, por tratar-se de *lei em tese.* Assim também o verbete da Súmula n. 266 do Supremo Tribunal Federal. Argumenta-se que mesmo sendo contrastante com a Constituição, a lei não pode ser atacada pelo *mandamus,* porquanto esse remédio se destina à proteção de um direito subjetivo (líquido e certo) e, no caso, a lei é aplicável a um indeterminado universo de pessoas.

Celso Agrícola Barbi discorda desse entendimento, afirmando que se a lei ordinária, violando a Constituição, lesar imediatamente direito por esta protegido, seja seu conteúdo uma regra ou um ato administrativo, cabe ao Judiciário amparar o indivíduo que a ele recorrer, pois a Constituição Federal declara que nenhuma lesão de direito (ou ameaça) poderá ser excluída da apreciação do Poder Judiciário: "A essa proibição ao legislador corresponde uma obrigação do Judiciário, de não negar ao demandante o remédio jurídico que lhe compete fornecer. Entender o contrário será permitir que haja imunidade do Poder Legislativo para violar a Constituição, desde que se revista o ato administrativo de forma de lei ou que se faça esta autoexecutável.[(54)] Formula, em seguida, uma proposta visando a conciliar o princípio tradicional do não cabimento de mandado de segurança contra lei em tese com a garantia constitucional do direito de ação: "No caso, por exemplo, das leis autoexecutáveis, a sentença judicial não poderá ter nunca o alcance de anular, aniquilar a lei, como não o poderia ter com relação a qualquer lei. Seu efeito seria apenas de subtrair o autor da demanda aos efeitos da lei inconstitucional. A lei continuaria válida em relação a outros direitos do de mandante que não tivessem sido deduzidos na ação. E, igualmente, continuaria válida relativamente a outras pessoas que não fossem partes na demanda".[(55)]

---

(54) Obra cit., p. 150.
(55) *Idem.*

Data venha do insigne jurista, ficamos com a opinião tradicional, cristalizada na Súmula n. 266 do Excelso Pretório. Assim dizemos porque, histórica e teleologicamente, o mandado de segurança foi instituído para a proteção de direito subjetivo líquido e certo que tivesse sido lesado, ou ameaçado de lesão, por ato concreto de autoridade. Conquanto se deva reconhecer que a lei possa acarretar essa lesão, isso só pode ser concebido em tese, pois concretamente não ocorreu.

Equivoca-se, de outra parte, o referido autor ao imaginar que a proibição do uso do *mandamus* contra lei em tese poderia implicar ofensa à garantia constitucional de ação, como direito subjetivo público de invocar a tutela jurisdicional do Estado. Ora, se aplicada, em concreto, a lei causar lesão a direito líquido e certo do indivíduo (ou da coletividade), caberá a este exercer o correspondente direito de ação, com o objetivo de reparar a lesão, quando, então, deverá arguir a inconstitucionalidade da norma legal, de modo incidental (*incidenter tantum*), a fim de que o juízo se pronuncie a respeito. Acolhida a arguição (se esse for o caso), os efeitos da pronúncia de antagonismo da lei com a Constituição ficam circunscritos ao caso concreto (*inter partes*), não alcançando o círculo jurídico de terceiros (*erga omnes*). Na verdade, a insistência no uso do mandado de segurança contra lei em tese parece estar a serviço não da eventual necessidade de promover-se a tutela de direito líquido e certo, mas, sim, do objetivo de converter-se, arbitrariamente, esse remédio especial em sucedâneo clandestino da ação direta de inconstitucionalidade.

Assim como a lei em tese, os atos normativos não podem ser combatidos por meio de *mandamus*, pois, em princípio, são, como aquela, abstratos e genéricos. A doutrina e a jurisprudência têm, porém, tolerado a impetração do *writ* contra os denominados atos normativos de efeito concreto, assim considerados os que trazem em si mesmos os resultados específicos desejados e respeitam a pessoas individualmente identificadas.

Doutrina e jurisprudência mantêm-se firmes na opinião de que as normas *interna corporis* do Poder Legislativo não podem ser impugnadas por mandado de segurança, exceto se o ato foi praticado com preterição de formalidade essencial. Nesse sentido, decidiu o Supremo Tribunal Federal que "Matéria relativa à interpretação, pelo Presidente do Congresso Nacional, de normas de regimento legislativo é imune à crítica judiciária, circunscrevendo-se no domínio *interna corporis*. Pedido de segurança não conhecido" (*in* RDA, 160/173).

2.3.3. Do Poder Judiciário

Os atos praticados pelo Poder Judiciário podem ser de natureza: a) administrativa ou b) jurisdicional. Quanto ao cabimento do *writ* em relação àqueles, é indiscutível; certa polêmica existe, contudo, no que toca ao uso do *mandamus* no segundo caso.

A discussão surgiu logo após a vigência da Constituição Federal de 1934 – que instituiu o mandado de segurança –, pois o seu art. 113, n. 33, aludia à impetração desse remédio contra ato (manifestamente inconstitucional ou ilegal) "de qualquer autoridade".

A própria Lei n. 191, de 1936, foi invocada como fundamento na opinião doutrinal que sustentava a possibilidade de emprego do mandado de segurança contra ato tipicamente jurisdicional, uma vez que o art. 4.º daquela norma, ao arrolar os casos em que o *mandamus* não seria cabível, não fazia referência aos atos jurisdicionais.(56) Cumpre rememorar, aliás, que o art. 5.º dessa mesma lei, ao tratar da competência para apreciar a ação de segurança, previa a impetração do *writ* "contra ato de juiz ou tribunal federal, ou do seu presidente" (art. 5º, I, *c*).

A Constituição Federal de 1946, ao declarar que o mandado de segurança seria admissível fosse qual fosse a autoridade responsável pela ilegalidade ou abuso de poder, fez com que se firmasse, ainda mais, a corrente de pensamento que defendia o emprego desse *writ* contra atos jurisdicionais, conquanto vozes de peso divergissem desse entendimento.

Em meticuloso estudo a respeito do que pensava a doutrina do período acerca do assunto, Calmon de Passos identificou a existência de três correntes: a) a primeira, extremada, que não admitia o uso do *mandamus* contra atos jurisdicionais, mas, apenas, administrativos. Ligou-se a ela Luís Eulálio de Bueno Vidigal; b) a segunda, mais moderada, que aceitava a utilização do *mandamus* contra atos jurisdicionais apenas em situações excepcionais. Esse ponto de vista, na verdade, era manifestado pela jurisprudência, que estabeleceu as seguintes regras: 1) somente se inexistir recurso ordinário é que o remédio poderá ser impetrado; 2) mesmo assim, o *mandamus* só será possível se houver patente incompetência da autoridade judiciária para a prática do ato impugnado; 3) cabe o mandado de segurança quando houver recurso de efeito meramente devolutivo; 4) também será admissível o *writ* quando, havendo recurso ordinário, este for insuficiente para assegurar o restabelecimento do estado anterior, em caso de provimento, ou para impedir manifesta ilegalidade; 5) poderá ser impetrado o *mandamus* com a finalidade de assegurar o respeito à coisa julgada; c) a terceira, liberal, que preconizava a larga utilização do mandado de segurança contra atos jurisdicionais, não devendo encontrar no recurso ordinário um empecilho ao seu uso. Seabra Fagundes aderiu a essa corrente.(57)

---

(56) Estava assim redigida essa norma: "Não se dará mandado de segurança quando se tratar: I – de liberdade de locomoção, exclusivamente; II – de ato de que caiba recurso administrativo, com efeito suspensivo, independente de caução, fiança ou depósito; III – de questão puramente política; IV – de ato disciplinar".

(57) *Estudos sobre mandado de segurança*. Rio de Janeiro: Instituto Brasileiro de Direito Processual Civil, 1963, p. 51-108.

Advém, então, a Lei n. 1.533/1951, cujo art. 5.º, II, veda o exercício da ação de segurança que tenha como destinatários "despacho ou decisão judicial, quando haja recurso previsto nas leis processuais ou possa ser modificado por via de correição".

Embora, para muitos estudiosos, a mencionada Lei tivesse resolvido, de maneira definitiva, o problema do cabimento do *mandamus* contra ato jurisdicional, para outros a polêmica ainda haveria de permanecer acesa, pois tanto o despacho quanto a decisão de que falava o art. 5.º, I e II, daquela norma eram apenas os de natureza administrativa – pois se sabe que os órgãos do Poder Judiciário também praticam atos dessa índole. Nesse sentido, o parecer de Celso Agrícola Barbi: "os tribunais exercem várias funções administrativas, ligadas ao governo interno do órgão, como as licenças a seus membros e funcionários, promoções e demais atos da vida funcional destes últimos etc. (...); da mesma forma, os juízes de Direito têm largas funções administrativas, principalmente com referência aos funcionários forenses, *v.g.*, dar posse a juiz de paz, serventuário e funcionário, processar concurso para cargos de justiça e exame de habilitação de oficial de justiça, instaurar processo de abandono de cargo contra serventuário, auxiliar ou funcionário, fazer nomeação, designação, verificação de incapacidade física ou moral de serventuário em geral etc. Contra despachos e decisões proferidos nesses assuntos administrativos em geral é que caberá mandado de segurança na forma prevista pela Lei n. 1.533/1951, e não contra os atos jurisdicionais. Essa interpretação não deve nem ser considerada restritiva. A exegese contrária é que deve ser reputada ampliativa, pois pretende levar os limites do uso do mandado de segurança a atos cuja natureza não se compadece com aquela forma de controle.[(58)]

Em voto proferido no Supremo Tribunal Federal, a propósito, o Min. Xavier de Albuquerque encontrou oportunidade para observar que "há mais de 20 anos, quando a primeira disciplinação do instituto, contida na Lei n. 191, de 16 de janeiro de 1936, já estava substituída pelos artigos 319 e segs. do C. Pr. Civ., o douto Victor Nunes Leal reclamou, em estudo doutrinário, contra o inveterado, prejudicial e lastimável casuísmo com que o assunto vinha sendo tratado pela jurisprudência dos nossos Tribunais. Sobreveio a Lei n. 1.533, de 13 de dezembro de 1951, em cujo art. 5.º, inciso II, alguns otimistas viram solução satisfatória para a questão. Ledo engano, porém, porque a tormenta persevera e o censurado casuísmo continua a reger, fragmentariamente e sem sistema, o comportamento dos Tribunais" (RE 76.909-RS, in RTJ, 70:507).

Em seguida, o ilustre Ministro formulava os critérios que deveriam ser atendidos para efeito de concessão de mandado de segurança contra ato jurisdicional:

---

(58) Obra cit., p. 138.

"condições para a admissibilidade do mandado de segurança contra ato judicial são, para mim, a não suspensividade do recurso acaso cabível, ou a falta de antecipação de eficácia da medida de correição a que também alude a lei, uma e outra somadas ao dano ameaçado por ilegalidade patente e manifestado ato impugnado e, com menor exigência relativamente a tal ilegalidade, àquela efetiva e objetivamente irreparável" (*ibidem*).

A opinião dos que recusavam, invariavelmente, o uso do mandado de segurança para impugnar atos jurisdicionais, ainda que assentada em argumentos ponderáveis, cometia a imprudência de ignorar a realidade forense, que demonstrava, dia após dia, a prática de atos judiciais contrários à lei e, em consequência, lesivos de direito subjetivo líquido e certo das partes, sem que houvesse um remédio jurídico apto para obter, de imediato, a reparação do dano ou afastar a ameaça de lesão. Daí, a necessidade da utilização do *mandamus* contra tais atos.

Sensíveis a essa realidade dramática, alguns juristas reformularam o seu pensamento, para admitir o emprego desse *writ* contra atos da jurisdição. Foi o caso de Celso Agrícola Barbi e de Alfredo Buzaid. Disse este último: "De algum tempo até esta parte tem sido admitido, pacificamente, o mandado de segurança contra decisão judicial, seja de jurisdição contenciosa, seja de jurisdição voluntária (*sic*). O trato com a experiência viva e cotidiana nos tribunais convenceu-nos da virtude do mandado de segurança como remédio jurídico contra decisões não transitadas em julgado e impugnadas pelo recurso próprio, para pôr cobro a ilegalidades e abuso de poder. Julgamos de bom aviso, portanto, mudar de opinião, aderindo à orientação da doutrina e da jurisprudência".[59]

Ainda que se possa considerar superada a discussão, devemos dizer que o cabimento de mandado de segurança contra ato tipicamente jurisdicional estava previsto na Lei n. 1.533/1951; a menção feita por seu art. 5.º, II, a "despacho ou decisão judicial" jamais foi no sentido de fazer entender que ditos despachos ou decisões seriam aqueles de natureza administrativa. Note-se que o mesmo dispositivo só não permitia o uso do *writ* quando os atos do juízo pudessem ser modificados por meio de recurso previsto nas leis processuais ou de correição. Ora, recursos administrativos não estão contidos em leis processuais, nem a correição (parcial) tem como objeto atos administrativos. Ademais, ainda que esses despachos ou decisões devessem ser, apenas, os de natureza administrativa – o que se admite somente por apego à argumentação –, ainda assim haveriam doutrina e jurisprudência de permitir o manejo da ação de segurança para impugnar atos jurisdicionais, pois o cotidiano do foro está a revelar que os juízes, vez ou outra, praticam atos ilegais ou abusivos de poder, que perpetram violação de direito subjetivo líquido e certo dos litigantes – que não ensejam recurso (por

(59) Obra cit., p. 139.

serem ordinatórios ou interlocutórios), ou, se ensejam, o recurso possui efeito meramente devolutivo.

O que se deve ter em conta é que o juiz, na qualidade de reitor, de condutor insubstituível do processo, não se encontra apenas "condenado à atividade" (Pontes de Miranda), ou seja, a atuar permanentemente, só podendo parar quando autorizado por lei; na verdade, ele está, acima de tudo, submetido ao dever de *atuar segundo a lei*. As normas relativas ao procedimento visam, por outro lado, a evitar a instauração da arbitrariedade e da imparcialidade do julgador, e, com isso, a assegurar o direito dos demandantes ao devido processo legal.

Dessa forma, se o juiz deixa de agir quando a lei lhe impõe a atuação, ou age em desacordo com a lei, o seu ato será, por definição, ilegal (ou praticado com abuso de poder), motivo por que, inexistindo no sistema processual recurso, embargo ou outra providência dotada de eficácia para reparar, de imediato, o dano causado a direito subjetivo líquido e certo da parte, ou para afastar a ameaça de lesão iminente, aberta estará a via para o uso do mandado de segurança. É sempre proveitoso lembrar que a vida do Direito não foi a Lógica, mas a Experiência (Oliver Wendel Homes, *The Common Law*). A utilização prática do *mandamus* não se acha plenamente disciplinada na lei, sendo imposta, muitas vezes, pelas contingências da vida, das quais não se excluem os atos que o juiz sói realizar no processo.

Sempre que houver, portanto, *error in procedendo*, por parte do magistrado, que afete direito líquido e certo do litigante, e desde que o ato não possa ser combatido mediante recurso, embargo ou correição, o remédio adequado para corrigir o erro será o mandado de segurança.

A Lei n. 12.016/2009 não alterou, substancialmente, esse panorama; apenas vedou o mandado de segurança contra decisão judicial da qual caiba recurso com efeito *suspensivo*, como revela o inciso II do seu art. 5.º.

Caberia, entretanto, esse *writ* contra ato jurisdicional que configure *error in iudicando*? Antes de examinarmos o assunto, devemos assinalar que essa espécie de erro é produto de uma imperfeita (porque ilógica ou injusta) atividade intelectual do juiz. Com efeito, pode ocorrer que o juiz profira a sentença sem que haja cometido, em todo o curso processual, algum erro de procedimento (*error in procedendo*), mas as suas razões de decidir se encontrem gravemente comprometidas por manifestas falhas de raciocínio, ou mesmo de percepção do material existente nos autos e com base no qual formou o seu convencimento jurídico acerca dos fatos deduzidos em juízo: tal é o erro de julgamento.

A orientação jurisprudencial da Suprema Corte, compendiada pela Súmula n. 267, fornece-nos parte da solução do problema. Em consonância com o art. 5.º, I, da então vigente Lei n. 1.533/1951, declara a mencionada Súmula não ser cabível mandado de segurança "contra ato judicial passível de recurso ou correição". O próprio Supremo Tribunal Federal abrandou essa orientação, passando a admitir o *mandamus* sempre que não coubesse, do ato judicial lesivo de direito subjetivo líquido e certo, recurso dotado de efeito suspensivo. A partir daí, a jurisprudência dos tribunais passou a admitir, de modo geral, o emprego do *writ*, desde que a decisão a) seja teratológica; b) só possa ser impugnada mediante recurso desapercebido de efeito suspensivo; e c) tenha acarretado a direito (líquido e certo) do litigante dano grave, irreparável ou de difícil reparação.

Vista a questão sob a lente peculiar do processo do trabalho, alguns temperamentos se impõem.

A aceitação generalizada do mandado de segurança para combater erro de julgamento (*error in iudicando*) poderia, em muitos casos, fazer com que o escopo tuitivo do trabalhador, que anima o processo do trabalho, ficasse gravemente comprometido, pois é razoável presumir que ao empregador, muito mais do que ao trabalhador, conviesse fazer uso do *writ* com essa finalidade. Ainda que se possa argumentar que, em alguns casos (muito raros), esse abrandamento da orientação contida na Súmula n. 267 do Excelso Pretório poderia atender aos interesses do trabalhador, sempre que este figurasse como réu na ação (como, *e.g.*, no "inquérito" para apuração de falta grave), essa possibilidade não afasta o absurdo consistente na substituição do recurso (ordinário, por suposto) pelo mandado de segurança. Realmente, se se trata de sentença, assim entendido o ato do juiz capaz de extinguir o processo, com ou sem julgamento de mérito (CPC, art. 203, § 1.º), a sua impugnação deve ser feita por via de recurso ordinário, nunca de mandado de segurança, ainda que aquele não possua efeito suspensivo – que é, aliás, a regra, conforme evidencia o art. 899, *caput*, da CLT.

Nem se alegue que a Súmula n. 268 do Supremo Tribunal Federal, ao afirmar que "Não cabe mandado de segurança contra decisão judicial com trânsito em julgado", estaria, implicitamente, admitindo o uso do *mandamus* contra decisão (sentença) ainda não qualificada pelo fenômeno jurídico da coisa julgada material, e que traduzisse *error in iudicando*. A decisão, susceptível de ataque pelo mandado de segurança, jamais poderá ser a que se apresenta sob a forma (e o conteúdo) de sentença, pois, quanto a este, o que a lei instituiu como meio impugnativo foi o recurso ordinário. Somente se for o caso de falsa sentença ou de sentença aparente, como a referida pelo art. 884, § 3.º, da CLT, é que se poderia pensar em cabimento do mandado de segurança, e, ainda assim, se ela produzisse lesão grave e de difícil reparação a direito subjetivo líquido e certo do impetrante.

Insistamos: o *mandamus*, a nosso ver, não pode ser convertido, arbitrariamente, em sucedâneo do recurso ordinário, nos domínios do processo do trabalho, seja porque essa insólita convolação é, no geral, agressora dos princípios protetivos do trabalhador, que dá consistência ideológica a esse processo (do *writ* haveria de fazer uso intenso, sem dúvida, o empregador, réu no processo em que foi emitida a sentença contrária aos seus interesses), seja porque a regra é a do efeito meramente devolutivo dos recursos trabalhistas. Mesmo a exigência de que a sentença devesse acarretar lesão a direito líquido e certo da parte e fosse decorrente de ilegalidade ou de abuso de poder não eliminaria os inconvenientes da aceitação do emprego do mandado de segurança para substituir o recurso ordinário previsto em lei.

O que se vinha permitido, no terreno do processo civil, era o manejo do *mandamus* para imprimir efeito suspensivo a recurso que não o possuísse. Argumentávamos, porém, que o processo do trabalho não se deveria deixar influenciar por essa tolerância.

Como tantas vezes havíamos sublinhado, os recursos trabalhistas, em princípio, possuem efeito apenas devolutivo; a declaração que, nesse sentido, se encontra inscrita no art. 899, *caput*, da CLT não é obra do acaso, e, sim, uma nítida atitude política assumida pelo legislador, em defesa dos interesses do trabalhador. Como o efeito dos recursos é meramente devolutivo, isso significa que o trabalhador pode promover a execução provisória da sentença – cujos atos executivos se detêm na penhora e avaliação dos bens. Essa providência é útil, pois não só antecipa a prática de determinados atos da execução, como permite ao trabalhador ver garantida a futura execução definitiva. Pespegado que fosse, mediante mandado de segurança, efeito suspensivo ao recurso ordinário interposto da sentença que compôs a lide, nenhum ato executivo poderia ser realizado até que o tribunal apreciasse o recurso.

Se o processo civil encontrara razões para justificar o uso do *writ* para dar ao recurso efeito suspensivo, o processo do trabalho possuía, em abundância, razões não menos relevantes para recusar esse afastamento dos princípios.

Não estávamos, com isso, a adotar, deliberadamente, uma atitude reacionária, dogmática ou retrógrada em face do assunto, mas a ponderar que as normas regentes do processo civil e os princípios correspondentes em nada se identificavam com as normas e princípios que justificaram a instituição de um processo destinado não apenas a solucionar os conflitos de interesses ocorrentes entre trabalhadores e empregadores, mas, sobremaneira, a dar àqueles a mesma proteção jurídica que lhes atribui o direito material pertinente.

Conquanto o processo, do ponto de vista teleológico – vale dizer, como instrumento estatal de solução de conflitos intersubjetivos de interesses –, seja uno, não se deve ignorar que a existência de "ramos" processuais atende à natureza das lides que visam a compor. Daí o processo do trabalho ser provido de uma ideologia marcante, peculiar e irrenunciável, sem a qual é nada, sem a qual perde a sua identidade enciclopédica e a própria razão de ser.

Considerando todas essas argumentações, entendemos ser conveniente, na época, sistematizar da seguinte maneira a utilização do mandado de segurança contra atos jurisdicionais trabalhistas:

a) se o ato caracterizasse erro de procedimento (*error in procedendo*, ou seja, erro de atuação do magistrado), o *writ* seria admissível, desde que: 1) o ato tivesse sido ilegal ou praticado com abuso de poder; 2) tivesse causado a direito subjetivo, líquido e certo, da parte lesão grave, irreparável ou de difícil reparação; 3) o ato não pudesse ser impugnado mediante recurso, embargos ou correição parcial;

b) se o ato jurisdicional configurasse erro de julgamento (*error in iudicando*), importa dizer, derivasse de falha do raciocínio, de vício da cerebração do magistrado, em princípio não caberia o *mandamus*, mesmo que o ato pudesse ser objeto de recurso para o qual a lei previsse, efeito meramente devolutivo. A substituição do recurso ordinário pelo mandado de segurança era prática que deveria ser rechaçada, pois implicava subversão do sistema, violência aos princípios e, sobremaneira, porque prejudicava, via de regra, os interesses do trabalhador. Não menos desaconselhável seria aceitar-se a possibilidade do uso do *mandamus* para atribuir efeito suspensivo a recurso que não o possuísse, porquanto essa medida não apenas agredia a lei (CLT, art. 899, *caput*), como frustrava a expectativa do trabalhador, no sentido de promover a execução – ainda que provisória – da sentença.

Somente em casos excepcionais, calcados em fatos dramáticos da vida, deveria ser permitido o emprego do mandado de segurança contra ato jurisdicional que tipificasse erro de julgamento, afastada, de qualquer forma, a sua utilização contra sentença de mérito, ainda que o recurso, dela interponível, não possuísse efeito suspensivo.

E indagávamos: declarando, enfaticamente, o art. 899, *caput*, da CLT, que os recursos possuem efeito apenas devolutivo, que direito líquido e certo haveria de ser alegado pelo recorrente-impetrante para obter a atribuição de efeito suspensivo ao recurso, notadamente se fosse o ordinário? Eventual argumento de que ele necessitaria obter esse efeito para evitar a penhora de bens, *data venia*, não impressionava, pois se sabia que, sendo o efeito meramente devolutivo, como é de lei, a execução se deteria na penhora, ficando defesa a prática de ato que importasse expropriação desses bens, enquanto não transitasse em julgado o último pronunciamento da jurisdição.

Posteriormente a esta nossa manifestação, ocorreram algumas alterações na jurisprudência e no ordenamento legal.

Em primeiro lugar, o TST adotou a Súmula n. 414, para dizer, no inciso I, parte final: "A ação cautelar é o meio próprio para se obter efeito suspensivo a recurso". Em segundo, o processo civil passou a admitir o agravo de instrumento como medida para atribuir efeito suspensivo a recurso. Em terceiro, o art. 5.º, II, da Lei n. 12.016/2009 parecia sugerir a possibilidade de uso do mandado de segurança contra decisão judicial da qual caiba recurso, apenas, com efeito devolutivo.

Examinando essa nova realidade, dissemos:

Embora os recursos trabalhistas sejam dotados de efeito apenas devolutivo (CLT, art. 895, *a*), em situações excepcionais poder-se-á ingressar com ação cautelar inominada (CPC de 1973, art. 798) com a finalidade de ver atribuído efeito suspensivo ao recurso. Não se tratava, aqui, de medida cautelar embutida na petição inicial da ação mandamental, senão que de ação distinta, cujo processo tramitava juntamente com o principal. Ao assim dispor, a Súmula n. 414, inciso I, do TST afastou, a um só tempo, a possibilidade de ser utilizado o agravo de instrumento do processo civil e o mandado de segurança para obter-se efeito suspensivo a recurso trabalhista. No sistema do CPC de 2015, o efeito suspensivo pode ser obtido com fundamento no art. 301, que consubstancia, na parte final, o poder geral de cautela do magistrado.

Por outro lado, embora a redação do art. 5.º, II, da Lei n. 12.016/2009, como salientamos, pareça estar a permitir a impetração de mandado de segurança contra decisão judicial da qual caiba recurso com efeito meramente devolutivo (pois essa norma veda o *mandamus* quando a decisão judicial puder ser impugnada mediante recurso dotado de efeito suspensivo), essa *interpretação* da referida norma legal não pode ser acolhida no processo do trabalho, pelos motivos expostos anteriormente. A propósito, é interessante esclarecermos o significado do vocábulo *decisão* utilizado pelo legislador na redação do inciso II do art. 5.º da Lei n. 12.016/2009. A Lei n. 1.533/1951 aludia a *despacho* ou *decisão judicial* (art. 5.º, II). Cremos que o termo *decisão* deve ser entendido em seu sentido amplo: decisão interlocutória e sentença. As decisões interlocutórias, no sistema do processo do trabalho, são, em princípio, irrecorríveis de maneira imediata e autônoma (CLT, art. 893, § 1.º), fato que as fazem, em alguns casos, suscetíveis de ser atacadas por meio de mandado de segurança. As sentenças, como afirmamos, devem ser impugnadas mediante recurso, e não mandado de segurança. Se a parte deseja ver atribuído efeito suspensivo a recurso, deverá valer-se de ação cautelar inominada (TST, Súmula n. 414, I). Pois bem.

Entra a viger o CPC de 2015, fazendo com que o TST atribuísse nova redação à sua Súmula n. 414, que passou a ser a seguinte: "MANDADO DE SEGURANÇA. TUTELA PROVISÓRIA CONCEDIDA ANTES OU NA SENTENÇA *(nova redação em decorrência do CPC de 2015) – Res. 217/2017 – DEJT divulgado em 20, 24 e 25.04.2017.* I – A tutela provisória concedida na sentença não comporta impugnação pela via do mandado de segurança, por ser impugnável mediante recurso ordinário. É admissível a obtenção de efeito suspensivo ao recurso ordinário mediante requerimento dirigido ao tribunal, ao relator ou ao presidente ou ao vice-presidente do tribunal recorrido, por aplicação subsidiária ao processo do trabalho do artigo 1.029, § 5º, do CPC de 2015. II – No caso de a tutela provisória haver sido concedida ou indeferida antes da sentença, cabe mandado de segurança, em face da inexistência de recurso próprio. III – A superveniência da sentença, nos autos originários, faz perder o objeto do mandado de segurança que impugnava a concessão ou o indeferimento da tutela provisória".

Percebe-se, portanto, que a sobredita Súmula, entre outras coisas, passou a admitir, como meio de obter efeito suspensivo a recurso, o requerimento dirigido ao tribunal, ao relator ou ao presidente ou ao vice-presidente do tribunal recorrido (item I, parte final). A nova redação da Súmula foi, confessadamente, influenciada pelo art. 1.029, § 5.º, do CPC de 2015. Na verdade, essa norma do CPC diz respeito exclusivo aos recursos *especial* e *extraordinário*. Se o TST desejasse enunciar uma regra (como seria de esperar-se), em tema de efeito suspensivo a recurso, deveria ter feito referência ao art. 995, parágrafo único, do mesmo Código, que possui esta redação: "A eficácia da decisão recorrida poderá ser suspensa por decisão do relator, se da imediata produção de seus efeitos houver risco de dano grave, de difícil ou impossível reparação, e ficar demonstrada a probabilidade do provimento do recurso". Note-se que o art. 995 está inserido no Capítulo I do Título II, que versa sobre "Disposições gerais" pertinentes aos recursos. O que se pode adotar é o disposto nos incisos I a III do § 5.º do art. 1.029, somente para defiinir a competência para apreciar o mencionado *requerimento*, conforme seja a fase em que se encontre o processo. A propósito, esse requerimento possui natureza cautelar (CPC, art. 301).

Tendo em vista, ainda, os precitados incisos do art. 1.029, § 5.º, do CPC, devemos denunciar a existência de uma falha, sobre a forma de lacuna, no critério adotado pelo legislador. Expliquemos. O critério é este: o requerimento, visando à obtenção de efeito suspensivo a recurso, será dirigido: a) ao tribunal (superior) respectivo, no período compreendido entre a interposição do recurso e sua distribuição (ficando, o relator designado, prevento para apreciar o recurso); b) ao relator, se já distribuído o recurso; c) ao presidente ou vice-presidente do tribunal local, caso o recurso tenha sido sobrestado, nos termos do art. 1.037. A lacuna, por nós mencionada, consiste na inexistência de previsão quanto a quem seria dirigido o requerimento, no período compreendido entre a admissão do recurso e a sua distribuição a relator.

Algumas situações devem ser consideradas:

1. recurso ordinário admitido pelo juízo de primeiro grau, mas ainda não encaminhado ao TRT: o requerimento deverá ser dirigido e apreciado pelo presidente ou pelo vice-presidente do próprio TRT (juízo *ad quem*);
2. recurso ordinário admitido pelo juízo de primeiro grau, que se encontra no TRT, mas pendente de distribuição a relator: o requerimento deverá ser dirigido e apreciado pelo presidente ou pelo vice-presidente do próprio TRT (juízo *ad quem*);

3. recurso de revista admitido pelo presidente ou pelo vice-presidente do TRT (juízo *a quo*), mas ainda não encaminhado ao TST: o requerimento deverá ser dirigido e julgado pelo presidente ou pelo vice-presidente do próprio TRT;
4. recurso de Revista que se encontra no âmbito do TST, mas pende de distribuição a relator: o requerimento deverá ser dirigido e apreciado pelo presidente ou pelo vice-presidente do TST (juízo ad quem);
5. recurso já distribuído a relator (seja no TRT, seja no TST): o requerimento deverá ser dirigido e apreciado pelo relator.

No STF, a matéria se rege pelas seguintes Súmulas:

Súmula n. 634

Não compete ao Supremo Tribunal Federal conceder medida cautelar para dar efeito suspensivo a recurso extraordinário que ainda não foi objeto de juízo de admissibilidade na origem.

Súmula n. 635

Cabe ao Presidente do Tribunal de origem decidir o pedido de medida cautelar em recurso extraordinário ainda pendente do seu juízo de admissibilidade.

Vejamos, agora, alguns casos que justificam o uso do mandado de segurança contra ato jurisdicional trabalhista, assim como certos casos em que o manejo desse remédio não deve ser permitido.

3. No processo de conhecimento

3.1. Indeferimento da petição inicial

Primeiramente, devemos dizer que se é verdadeiro que o processo do trabalho disciplinado pela CLT não prevê o indeferimento da petição inicial, não menos exato é que não o proíbe. Logo, se essa peça de provocação do exercício do poder-dever jurisdicional do Estado não preencher os requisitos legais (CLT, art. 840, § 1.º), ou incidir em quaisquer das situações mencionadas no art. 330, I a IV, do CPC, deve ser recusada. O indeferimento se faz mediante sentença e não por simples despacho. Ainda que o juiz não tenha aberto ao autor oportunidade para emendar ou completar a inicial, não se deve permitir a impetração do *writ*, pois a sentença que indefere aquela peça pode ser impugnada mediante recurso ordinário; além disso, dar-se-á a extinção do processo sem exame do mérito (CPC, art. 485, I), possibilitando, com isso, ao autor, ajuizar novamente a ação (CPC, art. 486). Aplica-se, à espécie, a orientação jurisprudencial cristalizada na Súmula n. 267 do STF: "Não cabe mandado de segurança contra ato judicial passível de recurso ou correição".

Mesmo o abrandamento que se vem dando a essa orientação não poderia ser invocado pelo autor, para tentar atribuir, por via do mandado de segurança, efeito suspensivo ao recurso interposto, na medida em que, conforme dissemos, como não houve pronúncia do juízo sobre o *meritum causae*, nenhum dano irreparável ou de difícil reparação adviria da sentença que indeferiu a petição inicial. Ademais, o efeito suspensivo a recurso, no processo do trabalho, deve ser buscado na forma do art. 995, parágrafo único, do CPC, congeminado com os incisos I a III do art. 1.029, § 5.º, do mesmo Código (veja-se a observação que fizemos, linhas atrás, sobre a Súmula n. 414, I, *in fine*, do TST).

Estabelece o § 5.º do art. 6.º da Lei n. 12.016/2009 que o mandado de segurança será denegado nos casos previstos pelo art. 267 do CPC de 1973 (art. 485 do CPC de 2015). A norma se caracteriza pela má técnica de redação. Não se trata de "denegação" do mandado de segurança, e sim de extinção do processo sem resolução do mérito, como ocorre no caso de indeferimento da petição inicial. A propósito, a petição inicial será indeferida não apenas nos casos especificados no art. 330 do CPC, mas, também, quando não for o caso de mandado de segurança; quando lhe faltar alguns dos requisitos legais ou quando decorrido o prazo legal para a impetração (Lei n. 12.016/2009, art. 10, *caput*).

3.2. Cerceamento do direito de defesa

Cercear significa cortar cerce, rente, pela raiz. Por aí se percebe a impropriedade da expressão "cerceamento de defesa", há muito incorporada à linguagem processual, quando utilizada, por exemplo, para traduzir as consequências jurídicas do indeferimento irregular de produção de alguma prova. Ora, teria havido, nesse caso, *restrição* (nunca *cerceamento*) do direito de defesa. Cerceamento ocorre quando o juiz não permite (em desrespeito à lei) que o réu exerça o seu direito de resposta (exceção, contestação, reconvenção): aqui, o direito da parte foi cortado cerce, pela raiz. Pois bem, se efetivamente o magistrado não permitir que o réu formule exceção, contestação ou reconvenção, estará, com essa atitude contrária à lei, perpetrando ofensa grave a direito subjetivo, líquido e certo, do réu, constitucionalmente assegurado, de defender-se em juízo. Por esse motivo, a restauração do direito violado deve ser intentada por meio do mandado de segurança, valendo ressaltar que, na situação em exame, o ato judicial não poderia ser impugnado pelo recurso ordinário (pois não houve extinção do processo), nem pela correição parcial, uma vez que o malsinado ato, conquanto ilegal, não foi tumultuário do procedimento, ou seja, não inverteu nem subverteu as fórmulas do devido processo legal (*due process of law*), conquanto o tenha violentado.

Como vimos, quando o juiz, agindo de modo arbitrário, não permite que a parte produza as provas desejadas e indispensáveis para demonstrar a veracidade dos fatos alegados, dá-se a restrição (limitação) do direito de defesa, que se revela, conforme a técnica, sob a forma de lesão de direito (de natureza processual) líquido e certo; é o quanto basta para a impetração do mandado de segurança, destinado a restaurar o direito molestado por ato da magistratura, praticado com ilegalidade ou com abuso de poder. É certo que alguns setores da doutrina e da jurisprudência não admitem o exercício da ação de mandado de segurança nesse caso, argumentando que a parte deveria manifestar o seu *protesto* contra o ato judicial e, se a sentença lhe fosse desfavorável, arguir, em grau de recurso, a nulidade do processo. Em que pese o fato de, em geral, também entendermos que esta deva ser a atitude da parte que se sentir prejudicada por ato do magistrado, estamos convencidos de que se esse ato implicar a violação de direito líquido e certo, o caso será de impetração de mandado de segurança.

3.3. Exigência de antecipação dos honorários periciais

Estatui o art. 95 do CPC que "Cada parte adiantará a remuneração do assistente técnico que houver indicado, sendo a do perito adiantada pela parte que houver requerido a perícia ou rateada quando a perícia for determinada de ofício ou requerida por ambas as partes. § 1.º O juiz poderá determinar que a parte responsável pelo pagamento dos honorários do perito deposite em juízo o valor correspondente. (...)".

Essas disposições seriam aplicáveis ao processo do trabalho em virtude do silêncio da CLT a respeito do assunto (art. 769)? Chega a ser de evidência ofuscante a incompatibilidade dos aludidos preceptivos com o processo do trabalho; neste, todas as *despesas* processuais (compreendendo custas, emolumentos, honorários de advogado e de perito e o mais) devem ser *pagas* ao final (CLT, art. 789, § 1.º, primeira parte) e, ainda assim, desde que o trabalhador não esteja recebendo o benefício constitucional da justiça gratuita (Leis ns. 5.584/70 e 1.060/1950, art. 3.º).

É elementar, conseguintemente, que a determinação do juiz para que qualquer das partes antecipe as despesas concernentes à perícia é ilegal (do ponto de vista estrito do processo do trabalho, em que inexiste norma que fundamente essa exigência), ensejando, diante disso, a impetração de mandado de segurança com a finalidade de proteger o direito líquido e certo da parte, de não ser compelida a realizar essa antecipação. Pouco importa, para esse fim, que o exame pericial tenha sido requerido pela parte à qual o juiz ordenou a antecipação do pagamento das despesas correspondentes: a tudo sobreleva o fato de ser manifestamente inconciliável com o processo do trabalho a regra insculpida no art. 95, *caput*, e § 1.º, do CPC.

O objetivo *do mandamus*, no caso, será o de fazer com que a perícia seja efetuada sem a antecipação de qualquer pagamento.

O uso da ação mandamental tanto mais se justifica, no caso concreto, se a parte estiver recebendo o benefício da justiça gratuita, assegurado pelo art. 5.º,

LXXIV, da Constituição Federal. A propósito, este era um dos grandes temas polêmicos do processo do trabalho, pois os juízes não sabiam o que fazer quando a perícia fosse requerida pelo trabalhador, que não dispusesse de meios financeiros para antecipar essa despesa (cuja exigência, conforme dissemos, era ilegal) ou mesmo para pagá-la, por força de sentença, quando sucumbente na matéria. Sempre sustentamos a opinião de que como tanto a justiça gratuita quanto a assistência judiciária graciosa eram encargos da União, nos termos do art. 5.º, LXXIV, da Constituição Federal, qualquer decisão judicial que impusesse esse pagamento à parte que estivesse recebendo o benefício da justiça gratuita seria ilegal, desafiando, com isso, o manejo da ação de segurança.

Sensível a argumentos como o nosso, o Conselho Superior da Justiça do Trabalho editou a Resolução n. 35/2007, para regular, no âmbito do primeiro e do segundo graus dessa Justiça Especializada, a responsabilidade pelo pagamento e antecipação de honorários periciais pela parte beneficiária da justiça gratuita. Posteriormente, essa Resolução foi revogada pela de n. 66, de 10.06.2010, alterada pela Resolução n. 78, de 02.06.2011.

3.4. Proibição da retirada de autos

O advogado, como elemento indispensável à administração da justiça (CF, art. 133; Lei n. 8.906/1994, art. 2.º), tem direito a retirar, das secretarias ou escrivanias judiciais, autos de processo em que esteja atuando (CLT, art. 778), salvo se houver prazo comum em curso ou se estiverem conclusos ao juiz, para despacho ou decisão.

A princípio, o art. 778 da CLT não permitia ao advogado retirar os autos (mediante carga) da secretaria dos órgãos da Justiça do Trabalho, mesmo que tivesse procuração neles juntada; mais tarde, por força da Lei n. 6.598, de 1.º de dezembro de 1978, que deu nova redação ao art. 778 da CLT, essa proibição foi eliminada – não sem longo atraso.

Em livro anterior, afirmamos que, como o art. 778 da CLT exige, para efeito de retirada dos autos, que o advogado esteja "regularmente constituído", ou seja, que porte o correspondente instrumento do mandato ou que este se encontre nos autos, seriam inaplicáveis ao processo do trabalho as disposições do CPC (de 1973) sobre o tema.

Revendo a nossa opinião, na vigência do CPC de 2015, acabamos por reformular o nosso entendimento, passando a admitir a incidência do art. 104 desse Código no processo do trabalho. Consta do precitado dispositivo legal:

> Art. 104. O advogado não será admitido a postular em juízo sem procuração, salvo para evitar preclusão, decadência ou prescrição, ou para praticar ato considerado urgente.
>
> § 1.º Nas hipóteses previstas no *caput*, o advogado deverá, independentemente de caução, exibir a procuração no prazo de 15 (quinze) dias, prorrogável por igual período por despacho do juiz.

§ 2.º O ato não ratificado será considerado ineficaz relativamente àquele em cujo nome foi praticado, respondendo o advogado pelas despesas e por perdas e danos.

Segue-se que se o juízo trabalhista negar a aplicação do art. 104, *caput*, do CPC, a parte poderá impetrar mandado de segurança para assegurar a incidência desse preceptivo.

3.5. Contra decisão transitada em julgado

Em Roma, a coisa julgada nada mais era do que a *res in iudicium deducta* depois de *iudicata*. Baseando-se nessa noção, a doutrina moderna elaborou o conceito de coisa julgada, especialmente a material, que acabou sendo perfilhado por nosso sistema normativo, em que se encontra assim enunciado: "a autoridade que torna imutável e indiscutível a decisão de mérito não mais sujeita a recurso" (CPC, art. 502).

Não interessa aos escopos essenciais deste livro procedermos aqui a uma investigação acerca das razões políticas e jurídicas que levaram à consagração da coisa julgada em nosso meio. Devemos realçar, todavia, o fato de a Constituição Federal impor à própria lei o respeito à *res iudicata* (art. 5.º, XXXVI), que é qualidade e não efeito da sentença. Se o acatamento às dicções jurisdicionais tornadas imutáveis e indiscutíveis por força da preclusão dos prazos fixados para a sua impugnação é imposto pelo texto constitucional à lei, em sentido amplo, por mais forte razão se tolhe a possibilidade do uso do mandado de segurança contra sentença (ou acórdão) passada em julgado. É o que proclamam as Súmulas ns. 268 do Supremo Tribunal Federal e 33 do Tribunal Superior do Trabalho.

Consentir-se no emprego do *mandamus* contra a coisa julgada seria converter, em impressionante rasgo de arbitrariedade, aquele remédio em sucedâneo bastardo da ação rescisória – a única dotada, constitucionalmente, de eficácia para desconstituir os efeitos inerentes à *res iudicata*. Este é o entendimento da jurisprudência do próprio STF, cristalizado na Súmula n. 268. Posteriormente, a Lei n. 12.016/2009 tornou expressa a vedação de ataque à coisa julgada mediante ação de mandado de segurança (art. 5.º, III).

3.6. Contra decisão concessiva de tutela provisória

As tutelas provisórias estão previstas nos arts. 294 a 311 do CPC. São o gênero, do qual as tutelas *de urgência* e *da evidência* constituem espécies. Caso o juiz conceda, ou se recuse a conceder, liminarmente, a tutela de urgência (CPC, art. 300, § 2.º) ou da evidência (CPC, art. 311, parágrafo único), a parte que se sentir prejudicada poderá impetrar mandado de segurança contra o ato judicial. Com o vocábulo *liminarmente* estamos pressupondo a prática do ato judicial (concessivo ou denegatório da tutela) antes da emissão da sentença. A propósito, o TST reformulou a redação da sua Súmula n. 414, após a entrada em vigor do CPC de 2015, que passou a ser a seguinte: "MANDADO DE SEGURANÇA. TUTELA PROVISÓRIA CONCEDIDA ANTES OU NA

SENTENÇA (nova redação em decorrência do CPC de 2015) – Res. 217/2017 – DEJT divulgado em 20, 24 e 25.04.2017. I – A tutela provisória concedida na sentença não comporta impugnação pela via do mandado de segurança, por ser impugnável mediante recurso ordinário. É admissível a obtenção de efeito suspensivo ao recurso ordinário mediante requerimento dirigido ao tribunal, ao relator ou ao presidente ou ao vice-presidente do tribunal recorrido, por aplicação subsidiária ao processo do trabalho do artigo 1.029, § 5º, do CPC de 2015. II – No caso de a tutela provisória haver sido concedida ou indeferida antes da sentença, cabe mandado de segurança, em face da inexistência de recurso próprio. III – A superveniência da sentença, nos autos originários, faz perder o objeto do mandado de segurança que impugnava a concessão ou o indeferimento da tutela provisória".

3.7. Contra decisão concessiva de liminar em ação civil pública

Nos termos do art. 12 da Lei n. 7.347, de 24 de julho de 1985, o juiz pode conceder mandado liminar em ação civil pública – com ou sem justificação prévia. Conquanto, no sistema do direito processual comum, essa decisão monocrática possa ser objeto de agravo, ao processo do trabalho sempre repugnou a possibilidade de interposição desse recurso, entre outros motivos, porque a precitada decisão possui caráter interlocutório (CLT, art. 893, § 1.º). Em razão disso, desde sempre sustentamos o entendimento de que o ato somente poderia ser impugnado por meio de mandado de segurança. Esta opinião foi adotada pela OJ n. 58 da SDI-2 do TST, mais tarde convertida na Súmula n. 414, inciso II, do mesmo Tribunal.

4. No processo de execução

4.1. Contra a "sentença" de liquidação

Estatui o art. 884, § 3.º, da CLT que "somente nos embargos à penhora poderá o executado impugnar a sentença de liquidação". Algumas impropriedades de ordem técnica estão a eivar esse texto. Primeiramente, os embargos, em regra, são oferecidos à execução e não à penhora, que é apenas um capítulo daquela; segundamente, quem apresenta esses embargos é o devedor, como sujeito passivo da execução. A ressalva é necessária porque, não proibindo, o processo do trabalho, que o próprio devedor tome a iniciativa da execução, isso significa que o credor pode figurar como executado, conquanto não possa oferecer os embargos que são característicos do devedor. Por último, o ato jurisdicional que julga a liquidação não é sentença, como supõe o art. 884, § 3.º, da CLT, pois não visa a dar fim ao processo, mas, apenas, a fixar o valor da execução. Trata-se, portanto, de *decisão,* à qual a CLT dispensa um tratamento de *interlocutória,* ao não permitir a sua imediata impugnação, mas somente na fase dos embargos à execução. Impugnação *diferida,* portanto.

Os motivos que levaram o legislador trabalhista a reservar para a fase dos embargos a impugnação da "sentença" de liquidação são conhecidos – e, por isso, encomiásticos: impedir que o devedor se sentisse muito à vontade para discutir a decisão que fixou o *quantum debeatur*, sem que tivesse, para isso, de efetuar a garantia do juízo. Note-se, pois, que embora essa decisão não enseje uma imediata impugnação, ela autoriza um ataque diferido, ou seja, a ser realizado mais tarde. Poder-se-ia imaginar que referida decisão, não sendo recorrível ato contínuo ao seu proferimento, poderia ser atacada por mandado de segurança, porquanto estaria afastada a restrição contida no art. 5.º, II, da Lei n. 12.016/2009.

Não é bem assim. Como procuramos demonstrar, o objetivo do legislador, nitidamente estampado no art. 884, § 3.º, da CLT, foi o de evitar que o devedor pudesse impugnar a "sentença" de liquidação sem que, para isso, tivesse de garantir o juízo; daí porque a impugnação deverá ser oferecida na oportunidade dos embargos que vier a apresentar, quando, então, aquele garantimento patrimonial deverá estar concretizado, sob pena de os embargos serem rejeitados *in limine* (CLT, art. 884, *caput*). É óbvio, portanto, que a admissão do mandado de segurança contra a "sentença" de liquidação frustra a finalidade do art. 884, § 3.º, da CLT e provoca, dessa forma, uma perigosa rachadura no sistema habilmente concebido pelo legislador.

Apenas em situações raras, pungentes e insuperáveis, deverá ser tolerado o uso do *mandamus* para esse fim e desde que o ato do juiz seja patentemente ilegal, ou abusivo de poder, e tenha causado lesão grave, irreparável ou de difícil reparação, a direito subjetivo líquido e certo do impetrante.

Advirtamos, entretanto, que se o juiz não conceder prazo para que as partes se manifestem sobre os cálculos confeccionados pelo contador, a decisão, que homologar tais cálculos, não será passível de mandado de segurança, pois a concessão de prazo, na situação em exame, constitui *faculdade*, e não dever do magistrado (CLT, art. 879, § 2.º). Por outras palavras, não terá havido aí ilegalidade do ato judicial, nem poderão as partes invocar direito líquido e certo.

Nas edições anteriores deste livro, afirmamos que se o juiz homologasse cálculos que incluíssem valores de elevada monta, que sequer foram objeto da condenação imposta pela sentença de fundo, o mandado de segurança poderia ser utilizado para adequar o montante da execução aos limites estabelecidos pela coisa julgada material. Nesse caso – prosseguíamos –, o ato do juiz teria sido manifestamente ilegal, pois transgressor da regra enunciada pelo art. 879, parágrafo único, da CLT, por força da qual – imperfeições redacionais à parte – "Na liquidação, não se poderá modificar, ou inovar, a sentença liquidanda, nem discutir matéria pertinente à causa principal". O direito líquido e certo do impetrante estaria representado por essa mesma norma e a concessão do *writ* se justificaria pela necessidade de evitar que o impetrante (devedor) tivesse de garantir o juízo, quando dos embargos, mediante bens cujo valor excedesse, em muito, ao que decorreria de uma adequada tradução pecuniária da obrigação subsumida na sentença exequenda.

Ocorre que, posteriormente, a doutrina e a jurisprudência trabalhistas acabaram por admitir a figura da exceção de pré-executividade, concebida pela doutrina do processo civil, de tal modo que esta veio a ocupar o lugar que, particularmente, reservávamos ao mandado de segurança. O próprio uso da exceção de pré-executividade foi por nós defendido e estimulado.[60]

4.2. Para imprimir efeito suspensivo ao agravo de petição

O art. 899, *caput*, da CLT, após declarar que os recursos possuem efeito meramente devolutivo, ressalva a existência de exceções a esse princípio. No âmbito dessas exceções inseria-se o agravo de petição, ao qual, por isso, o juízo *a quo* poderia atribuir efeito suspensivo. Em princípio, no terreno do agravo de petição, o efeito devolutivo era a regra, como indicava o art. 897, § 1.º, da CLT; permitia esse mesmo preceito, no entanto, que o juiz concedesse efeito suspensivo ao recurso em exame, sempre que entendesse conveniente.

Em termos gerais, portanto, o juízo *a quo* não estava legalmente obrigado a conferir efeito suspensivo ao agravo de petição; a atribuição desse efeito emanava, unicamente, de uma sua faculdade. Logo, a parte (o devedor) não possuía direito líquido e certo de ver suspensa a execução em decorrência do agravo de petição interposto, ficando afastado, assim, o emprego do mandado de segurança para imprimir tal efeito ao recurso.

Cabe aqui um comentário lateral. Para que o agravo de petição não tivesse efeito suspensivo, ao interessado (credor) incumbia solicitar ao juiz a formação de carta de sentença, na qual seriam praticados os atos da execução definitiva enquanto os autos principais permanecessem no tribunal, aguardando julgamento do recurso interposto. Como, mais por hábito do que por opção, os juízes remetiam os autos principais ao tribunal, sem que o credor tivesse requerido carta de sentença, isso significava que fora implicitamente dado efeito suspensivo ao agravo, como se inferia da expressão "ou remeterá os autos, se tiver sobrestado o andamento do feito", constante da parte final do § 2.º do art. 897 da CLT, em sua redação original.

Embora a redação desse dispositivo legal tenha sido alterada pela Lei n. 8.432/1992, que eliminou a referência à possibilidade de o juiz sobrestar a execução, continuamos entendendo que se o magistrado ordenar a remessa dos autos ao tribunal, para julgamento do agravo de petição, sem que se tenha, antes, extraído carta de sentença, estará, de maneira implícita, atribuindo efeito suspensivo a esse recurso. Afinal, como haveria de processar-se a

---

(60) *Execução no processo do trabalho*. 12.ª ed. São Paulo: LTr Editora, 2017, p. 625-634.

execução provisória, se inexistiria o elemento material (carta de sentença) que a tornasse possível?

Em outro livro, argumentamos: "se o juiz houver admitido o agravo de petição no efeito apenas devolutivo (extraindo carta de sentença para a execução provisória), só em casos excepcionais poderá o devedor impetrar mandado de segurança para fazer prevalecer a exceção, equivale a dizer, para pespegar ao agravo de petição efeito suspensivo. Para tanto deverá comprovar a ilegalidade do ato jurisdicional ou o abuso de poder de que se tenha originado, bem como o seu direito líquido e certo de ver suspensa a execução, e, ainda, o dano grave, irreparável ou de difícil reparação, que lhe traria a permanência do efeito simplesmente devolutivo".

E prosseguíamos: "É verdade que, neste ponto, o mandado de segurança estaria disputando espaço com a ação cautelar inominada, se tivermos em mente o fato de a jurisprudência vir admitindo a possibilidade de os tribunais (e, antes, os relatores) outorgarem medidas dessa natureza (havendo ação rescisória ajuizada), destinadas a sobre-ser a execução da sentença rescindenda. Não estamos a dizer que a parte interessada poderia, a um só tempo, impetrar mandado de segurança para dar efeito suspensivo ao agravo de petição e ainda requerer, na ação rescisória, providência cautelar tendente a suspender a mesma execução. Essa superposição de ações seria inaceitável, seja por estar em antagonismo com os princípios, seja porque ambas as medidas solicitadas visam ao mesmo fim. Caberá ao interessado, diante disso, ingressar com uma ou com outra. Quer nos parecer que a providência cautelar inominada teria maior possibilidade de êxito, pois para a sua concessão seria bastante a aparência (*fumus*) do direito alegado, ao passo que o *mandamus* requer que o direito se revista dos atributos de liquidez e de certeza e que o ato do juízo seja contrário à lei ou exorbitante de poder".

Os tempos, agora, porém, são outros.

Com a redação dada ao § 1.º do art. 897 da CLT pela Lei n. 8.432, de 11.06.1992, o agravo de petição passou a ter efeito suspensivo automático. Assim dizemos porque consta desta norma legal que o mencionado recurso somente será admitido se o agravante delimitar, de maneira justificada (fundamentada), as matérias e os valores impugnados, "permitida a execução imediata da parte remanescente até o final, nos próprios autos ou por carta de sentença". Vale dizer: as matérias e os valores que o recorrente *não* impugnar (nos termos da lei) serão objeto de execução *definitiva;* em sentido oposto, os que *forem* impugnados pelo agravante *não* poderão ser objeto de execução *definitiva*.

Assim, se a parte formular, com fulcro no art. 995, parágrafo único, do CPC, requerimento destinado a obter efeito suspensivo ao agravo de petição quanto às matérias e valores impugnados, deverá ser declarado carecedor da ação, com a consequente extinção do processo sem resolução do mérito (CPC, art. 485, VI), por faltar-lhe o imprescindível interesse processual (CPC, art. 17).

De outro ângulo, se a parte houver ingressado com ação rescisória da sentença exequenda, a suspensão da execução poderá ser obtida por meio de tutela provisória.

4.3. Para liberar penhora de bem público

Em livro anterior,[(61)] pudemos exarar as razões jurídicas pelas quais entendemos que o art. 100, *caput*, da Constituição Federal – opostamente ao que sustentavam alguns "intérpretes das aparências" – não dispensa o instrumento do precatório-requisitório nos casos de execução pecuniária contra a Fazenda Pública. A Lei n. 8.197, de 27 de junho de 1991, veio, aliás, confirmar nossa opinião, que, por isso, fica mantida.

Segue-se que se o juiz determinar a penhora de bens públicos (sejam, ou não, dominicais), estará praticando ato ilegal (e a inconstitucionalidade é a maior das ilegalidades), violador de direito líquido e certo da Fazenda Pública (CF, art. 100, *caput;* Lei n. 8.197/1991, art. 4.º; CPC, arts. 730/731; CC, arts. 98/103), rendendo ensejo a que esta impetre mandado de segurança para reparar a lesão.

O agravo de petição seria incabível aí, em primeiro lugar, porque o ato do juiz, do qual promanou a ordem de penhora, não configura, segundo a técnica, decisão (CLT, art. 897, *a*); em segundo, porque os bens poderiam ser expropriados sem que ainda tivesse ocorrido o julgamento do agravo – que, na linha do princípio inscrito no art. 899, *caput*, da CLT, não possui efeito suspensivo.

A virtualidade da expropriação desses bens exige uma providência jurisdicional imediata, somente obtenível mediante mandado de segurança, sob pena de consumar-se um dano (de difícil reparação) ao patrimônio público.

4.4. Para impedir irregular liberação de depósito

Tendo o devedor efetuado a garantia do juízo, em dinheiro, para efeito de oferecimento de embargos à execução, em princípio esse valor somente poderá ser liberado, em prol do credor, após o trânsito em julgado da sentença que julgar ditos embargos. Se, antes desse momento, o juiz determinar a liberação do depósito, estará cometendo ilegalidade e, *ipso facto*, perpetrando lesão a direito líquido e certo do devedor (embargante), de maneira a fazer com que este se veja forçado a fazer uso do mandado de segurança para prover a restauração de seu direito.

---

(61) *Execução no processo do trabalho*. 12.ª ed. São Paulo: LTr Editora, 2017, p. 279-283.

O mesmo se diga no caso de, tendo o devedor interposto agravo de petição, o juiz mandar liberar o valor depositado sem que tenha ocorrido o julgamento do recurso ou do agravo de instrumento acaso interposto do despacho negatório do de petição.

Nem será diferente quando o juiz, sem que o recurso ordinário tenha sido apreciado pelo tribunal, autorizar o levantamento, pelo autor, do valor depositado pelo réu (recorrente), *ex vi* da exigência formulada pelo art. 899 da CLT.

Em todas essas situações, a atitude do juiz, mais do que precipitada, seria ilegal, pois as mencionadas quantias somente poderiam ser liberadas após o trânsito em julgado da decisão correspondente. É claro que estamos a pressupor aquilo que ordinariamente ocorre, e não situações particulares que justificassem essa liberação, ainda que de modo não integral, como quando os embargos ou o agravo de petição dissessem respeito, apenas, à parte do conteúdo desfavorável da sentença, tendo, em razão disso, passado em julgado as demais partes ou capítulos do provimento jurisdicional. Caracterizada a ilegalidade do ato judicial, ou a exorbitância de poder, abrir-se-á para o devedor (nos casos referidos) a possibilidade de impetrar o *mandamus*, para a defesa de seu direito líquido e certo de submeter-se exclusivamente ao devido processo legal e não às ocasionais arbitrariedades do magistrado. Com vistas a esse objetivo, o agravo de petição é desútil, dada a lentidão com que é julgado (comparando-o com o mandado de segurança) e a impossibilidade de obter-se, por essa via, uma providência liminar.

4.5. Para desfazer arrematação

Quando estava a viger o CPC de 1973, admitíamos a possibilidade de o credor fazer uso do manado de segurança para assegurar, por exemplo, o seu direito à adjudicação, quanto esse direito estivesse sendo desrespeitado pelo juiz.

O CPC de 2015, entrementes, nos subtraiu esse argumento, pois no sistema do aludido Código a arrematação (e a adjudicação) pode ser: a) invalidada, quando realizada por preço vil ou contiver outro vício; b) considerada ineficaz, se não for observado o disposto no art. 804; c) resolvida, caso não seja pago o preço, ou não seja prestada a caução (art. 903, § 1.º, I a III, respectivamente).

5. Um escólio final sobre o assunto

Poderíamos seguir enumerando os casos em que seria admissível o mandado de segurança contra atos jurisdicionais; o exemplário haveria de ser copioso e variado. Uma tal empreitada, contudo, além de estafante, jamais conseguiria esgotar a indicação dessas situações e realizar o pertinente estudo de cada uma.

O que importa deixar efetivamente assinalado é o princípio de que os atos da jurisdição, assim como os da administração e da legislatura ("autoridade, seja de que categoria for", diz o art. 1.º, *caput*, da Lei n. 12.016/2009), podem ser impugnados pelo *mandamus*. O que se deve ter, com vistas à aplicação concreta desse princípio, é o cuidado de adotar um critério, uniforme o quanto possível, a ser observado por todos, a fim de evitar que as reações idiossincráticas, tão naturais ao espírito humano, acabem por instaurar uma vozearia doutrinária e jurisprudencial dissonante, tumultuária e incontrolável, capaz de fazer com que jamais possamos nos entender, razoavelmente, a respeito de tão delicado tema.

Como contributo singelo para esse escopo de sistematização e de homogeneização, devemos dizer que o ato jurisdicional, para poder ser impugnado por mandado de segurança: a) deve ser ilegal ou refletir abuso de poder; b) deve causar lesão (ou representar ameaça atual e iminente de lesão) a direito líquido e certo do impetrante; c) o direito do impetrante não possa ser amparado por *habeas corpus* ou por *habeas data;* d) o dano deve ser grave e irreparável, ou de difícil reparação; e) o ato não seja impugnável mediante recurso dotado de efeito suspensivo, embargos, correição parcial ou outro meio legalmente previsto.

CAPÍTULO VIII

ATOS QUE NÃO ADMITEM MANDADO DE SEGURANÇA

Dispunha a Lei n. 191, de 16 de janeiro de 1936: "Não se dará mandado de segurança quando se tratar: I – de liberdade de locomoção, exclusivamente; II – de ato de que caiba recurso administrativo, com efeito suspensivo, independente de caução, fiança ou depósito; III – de questão puramente política; IV – de ato disciplinar" (art. 4.º).

No sistema do CPC de 1939, a matéria foi assim regulada, no art. 320: "Não se dará mandado de segurança quando se tratar: I – de liberdade de locomoção, exclusivamente; II – de ato de que caiba recurso administrativo com efeito suspensivo, independentemente de caução; III – de ato disciplinar; IV – de impostos ou taxas, salvo se a lei, para assegurar a cobrança, estabelecer providências restritivas da atividade profissional do contribuinte".

A Lei n. 1.533/1951 cuidou do assunto no art. 5.º: "Não se dará mandado de segurança quando se tratar: I – de ato de que caiba recurso administrativo com efeito suspensivo, independente de caução; II – de despacho ou decisão judicial, quando haja recurso previsto nas leis processuais ou possa ser modificado por via de correição; III – de ato disciplinar, salvo quando praticado por autoridade incompetente ou com inobservância de formalidade essencial".

A Lei n. 12.016/2009 regulou a matéria no art. 5.º, assim redigido: "Não se concederá mandado de segurança quando se tratar: I – de ato do qual caiba recurso administrativo com efeito suspensivo, independentemente de caução; II – de decisão judicial da qual caiba recurso com efeito suspensivo; III – de decisão judicial transitada em julgado".

O parágrafo único do mencionado art. 5.º dispunha que o mandado de segurança poderia ser impetrado, independentemente de recurso hierárquico, contra omissões da autoridade, no prazo de cento e vinte dias, após a sua notificação judicial ou extrajudicial. Esse texto foi vetado pelo Presidente da República, ao argumento de que: "A exigência de notificação prévia como condição para a propositura do Mandado de Segurança pode gerar questionamentos quanto ao início da contagem do prazo de 120 dias em vista da ausência de período razoável para a prática do ato pela autoridade e, em especial, pela possibilidade da (*sic*) autoridade notificada não ser competente para suprir a omissão".

O legislador ordinário, desde 1936 (quando regulou, pela primeira vez, o processo de mandado de segurança), vem se preocupando em restringir o uso do *mandamus*, colocando fora de seu alcance determinados atos.

Conquanto a maior parte dessas limitações esteja contida no art. 5.º da Lei n. 12.016/2009, outras há, implicitamente referidas, na mesma norma legal. Feita a observação, tentemos proceder a uma sistematização objetiva dos diversos casos que traduzam um veto à utilização do *mandamus*.

1. Ato de que caiba recurso administrativo

A Constituição Federal de 1969, após asseverar que a lei não poderia excluir da apreciação do Poder Judiciário nenhuma lesão de direito individual, esclarecia que o ingresso em juízo poderia ser condicionado "a que se exauram previamente as vias administrativas, desde que não exigida garantia de instância, nem ultrapassado o prazo de cento e oitenta dias para a decisão sobre o pedido" (art. 153, § 4.º).

O texto constitucional em vigor (art. 5.º, LXIX) não contém regra semelhante, razão por que é lícito concluir que o condicionamento à prévia exaustão das vias administrativas já não pode ser imposto a quem pretender obter em juízo a reparação do direito lesado. Essa condição só existe, nos dias de hoje, com relação à matéria desportiva, por força do estatuído no art. 217, § 1.º, da Constituição da República. Estamos a asseverar, portanto, que a regra contida no inciso I do art. 5.º da Lei n. 12.016/2009 é materialmente inconstitucional, porquanto infringe o princípio da inafastabilidade do controle jurisdicional, inscrito no inciso XXXV do art. 5.º da Constituição Federal. A Súmula n. 429 do STF, adotada ao tempo em que ainda estava a viger a Lei n. 1.533/1951, parece roborar este nosso entendimento ao dispor: "A existência de recurso administrativo com efeito suspensivo não impede o uso do mandado de segurança contra omissão da autoridade". Não impede o uso do *mandamus* apenas nos casos de omissão, mas, também, de ato comissivo da autoridade – completamos. A inconstitucionalidade do inciso I do art. 5.º da Lei n. 12.016/2009 não permite que subsista a restrição contida na precitada Súmula.

Caso se venha a entender – contrariamente à nossa opinião – que inexiste a inconstitucionalidade por nós denunciada, devemos verificar como as coisas se passariam na prática.

No tocante ao ato administrativo, teríamos que: 1) não sendo recorrível, comportaria ataque mediante mandado de segurança; 2) se admitisse recurso sem efeito suspensivo, poderia ser impugnado pelo *mandamus;* 3) se o recurso tivesse efeito suspensivo, mas para o seu exercício fosse exigida caução, caberia o *writ*. A propósito, doutrina e jurisprudência passaram a entender que o § 1.º do art. 636 da CLT, que exige a realização do depósito do valor da multa, para efeito de interposição de recurso administraitvo, não foi recepcionado pela Constituição Federal de 1988, diante de sua incompatibilidade com os princípios consagrados pelo texto constitucional. A esse respeito estabelece a Súmula n. 424 do TST: "RECURSO ADMINISTRATIVO. PRESSUPOSTO DE ADMISSIBILIDADE. DEPÓSITO PRÉVIO DA MULTA ADMINISTRATIVA. NÃO RECEPÇÃO PELA CONSTITUIÇÃO FEDERAL DO § 1.º DO ART. 636 DA CLT. Res. 160/2009, DEJT divulgado em 23, 24 e 25.11.2009 O § 1.º do art. 636 da CLT, que estabelece a exigência de prova do depósito prévio do valor da multa cominada em razão de autuação administrativa como pressuposto de admissibilidade de recurso administrativo, não foi recepcionado pela Constituição Federal de 1988, ante a sua incompatibilidade com o inciso LV do art. 5.º".

Na verdade, trata-se de revogação tácita do § 1.º do art. 636 da CLT, uma vez que o texto constitucional mencionado é posterior à sobredita norma trabalhista.

Reiteremos: conquanto o inciso I do art. 5.º da Lei n. 12.016/2009 não admita – também aqui opostamente ao nosso entendimento -- mandado de segurança contra ato suscetível de recurso administrativo provido de efeito suspensivo, esse recurso será cabível quando for o caso de *omissão* da autoridade (Súmula n. 429 do STF).

Que solução, todavia, deve ser dada ao problema (tantas vezes verificado no cotidiano forense) consistente na impetração do *mandamus* sem que o recurso administrativo interposto (sem efeito suspensivo e independente de caução) tenha sido julgado? A doutrina do processo civil tende a considerar o impetrante carecedor da ação, por faltar-lhe o necessário interesse de agir, uma vez que o pedido formulado no recurso administrativo não foi ainda apreciado. Esse parecer, *data venia*, está marcado por um injustificável formalismo. Nada obsta a que se interprete a impetração do *writ*, na espécie em foco, como desistência tácita do recurso manifestado na via administrativa. Ora, se se tem admitido, no geral, a possibilidade de o titular de um direito subjetivo líquido e certo, lesado por ato ilegal ou abusivo de autoridade, impetrar mandado de segurança sem passar pela via administrativa, por que não se concluir, dentro do mesmo raciocínio, dentro da mesma lógica razoável (em que desponta a inexigibilidade da exaustão da via administrativa), que o ajuizamento da ação de segurança, antes de apreciado o recurso, corresponde a uma desistência implícita deste, ou, como queiram, a uma renúncia à via administrativa?

Questão que, por igual, vem atormentando a doutrina concerne ao prazo para ser julgado o recurso administrativo. Tem-se entendido que se houver prazo fixado em lei, o *mandamus* somente poderá ser impetrado se esgotado, em branco, tal prazo; inexistindo prazo específico para julgamento do recurso, deverá ser adotado, por analogia, o do art. 217, § 2.º, da Constituição Federal: sessenta dias.

Particularmente, essa preocupação não nos afeta, pois, como dissemos, somos de opinião de que o interessado não está obrigado a aguardar o julgamento do recurso administrativo, ou o esgotamento *in albis* do prazo existente, para ajuizar a ação de segurança. A Constituição Federal, rompendo com o princípio consagrado pela anterior, não impõe a exaustão da via administrativa como condição para a impetração do *writ;* o uso daquela via é, portanto, mera faculdade do interessado. Convém lembrar que a Constituição vigente declara que ninguém será obrigado a fazer ou a deixar de fazer alguma coisa senão em virtude de lei (art. 5.º, II).

Nem se ignore que as considerações que estamos a expender acerca do tema têm em mira o manejo do mandado de segurança no terreno peculiar e sensível do processo do trabalho, no qual o apego obsessivo ao formalismo é atribuído a causas patológicas; quando não, à insciência quanto à verdadeira substância íntima desse processo.

2. Ato jurisdicional

Em páginas pretéritas, pudemos demonstrar que os atos judiciais podem ter natureza administrativa ou jurisdicional, não havendo maiores restrições quanto ao cabimento do mandado de segurança contra aqueles, desde que, como é evidente, o ato seja ilegal ou abusivo de poder e acarrete lesão (ou represente ameaça de lesão) a direito subjetivo, líquido e certo, do indivíduo ou da coletividade. Embora os atos caracteristicamente jurisdicionais possam ser objeto do *mandamus,* para que isso se tome possível, há necessidade de que não possam ser modificados mediante recurso dotado de efeito suspensivo, correição parcial ou qualquer outro meio legalmente admissível (Lei n. 12.016/2009, art. 5.º, I a III).

Sob esse aspecto, podemos dizer que se o ato for impugnável pela via dos recursos, da correição parcial etc., aí estará configurada uma restrição ao uso do mandado de segurança. Devemos reiterar aqui o nosso ponto de vista no sentido de não ser compatível com o processo do trabalho o entendimento predominante na doutrina do processo civil do que o *writ* será cabível quando o recurso tiver efeito, apenas, devolutivo.

Duas observações conclusivas são necessárias. Em primeiro lugar, a contar da edição da Súmula n. 414 do TST ("I – A tutela provisória concedida na sentença não comporta impugnação pela via do mandado de segurança, por ser impugnável mediante recurso ordinário. É admissível a obtenção de efeito suspensivo ao recurso ordinário mediante requerimento dirigido ao tribunal, ao relator ou ao presidente ou ao vice-presidente do tribunal recorrido, por aplicação subsidiária ao processo do trabalho do artigo 1.029, § 5º, do CPC de 2015. II – No caso de a tutela provisória haver sido concedida ou indeferida antes da sentença, cabe mandado de segurança, em face da inexistência de recurso próprio. III – A superveniência da sentença, nos autos originários, faz perder o objeto do mandado de segurança que impugnava a concessão ou o indeferimento da tutela provisória"), fica definitivamente afastado, portanto, para esse fim, o mandado de segurança. Um retoque: a referência deveria ter sido ao art. 1.012, § 3.º, do CPC, que cuida do efeito suspensivo na apelação. Em segundo, a redação do inciso II do art. 5.º da Lei n. 12.016/2009, segundo a qual *não* se concederá mandado de segurança quando a sentença puder ser objeto de recurso dotado de efeito *suspensivo*, faz supor que *caberá* mandado de segurança quando o recurso possuir efeito meramente devolutivo. Não é bem assim. A nosso ver, somente em casos extremamente especiais, extraordinários, caberá mandado de segurança contra sentença que possa ser impugnada por meio de recurso, ainda que este possua efeito apenas devolutivo. Admitir-se, na generalidade das situações, o uso do *mandamus* contra sentença atacável por meio de recurso, mesmo desprovido de efeito suspensivo, seria subverter o sistema e a tradição, convertendo-se o mandado de segurança em sucedâneo do recurso. Mesmo na vigência da Lei n. 12.016/2009 deve prevalecer o entendimento consubstanciado na Súmula n. 267 do STF, conforme a qual "Não cabe mandado de segurança contra ato judicial passível de recurso ou correição".

2.1. Sentença transitada em julgado

A coisa julgada material traduz uma garantia constitucional (CF, art. 5.º, XXXVI), sendo definida pelo CPC como "a autoridade que torna imutável e indiscutível a decisão de mérito não mais sujeita a recurso" (art. 502).

A Lei n. 12.016/2009 (art. 5.º, III), incorporando a jurisprudência pacificada pelas Súmulas n. 33 do TST e n. 268 do STF, vedou a impetração de mandado de segurança contra sentença passada em julgado. A Lei n. 1.533/1951 era omissa acerca do assunto.

Efetivamente, se a coisa julgada torna a decisão de mérito imutável e indiscutível, é elementar que não se poderia autorizar ou tolerar o uso do mandado de segurança contra ela, pois isso traduziria uma tentativa arbitrária de violar a autoridade da *res iudicata*. A única possibilidade de ser desconstituída a coisa julgada material dá-se mediante o exercício de ação rescisória (CPC, art. 966) – que é uma ação constitucionalizada (CF, art. 102, I, *j*).

3. Ato disciplinar

A Lei n. 1.533/1951, no inciso III do art. 5.º, desautorizava o manejo da ação mandamental quando se tratasse de ato disciplinar, salvo quando praticado por autoridade incompetente ou com inobservância de formalidade essencial. Esta regra não foi reproduzida pela Lei n. 12.016/2009.

Em face do disposto no citado dispositivo da Lei n. 1.533/1951, doutrina e jurisprudência vinham sustentando a impossibilidade da utilização do mandado de segurança com a finalidade de rever os motivos (ou seja, a injustiça) da pena disciplinar aplicada, e não de atacar os aspectos extrínsecos do ato. O Supremo Tribunal Federal chegou a declarar: "Não é inconstitucional o art. 5.º da Lei n. 1.533/51 quando exclui da apreciação, em mandado de segurança, o ato disciplinar, entendida a vedação no que concerne ao exame de seus motivos, e não à sua legalidade extrínseca" (RIDA 147/187).

Posteriormente, contudo, a jurisprudência dos tribunais inferiores passou a admitir a impetração do *mandamus* contra ato disciplinar em geral, ou seja, sem as limitações impostas pela Lei n. 1.533/1951. Pareceu-nos acertada esta última orientação, porquanto exaltava (ou, quando menos, não desprezava) a missão constitucional do mandado de segurança. Além disso, era preciso não esquecer que o art. 5.º, LXIX, da Constituição Federal não estabelecia nenhuma restrição ao uso desse *writ*, contanto que fossem obedecidos os pressupostos aí enumerados (ato praticado com ilegalidade ou abuso de poder, por autoridade pública e lesivo de direito subjetivo líquido e certo, não amparado por *habeas corpus* ou por *habeas data*).

Como acentuava, com habitual propriedade, Carlos Mário da Silva Velloso, a referência efetuada pela Lei n. 1.533/1951, no art. 5.º, III, à "inobservância de formalidade essencial" deveria ser entendida com relação aos elementos fundamentais do ato administrativo, como, e.g., competência, forma, objeto, motivo e finalidade, sem exceção, "mesmo porque todo ato administrativo deve ser examinado em função de seus elementos. Se qualquer deles contiver vício, o ato é nulo. E o ato disciplinar é espécie de ato administrativo".[(62)]1988"

Como afirmamos há pouco, conquanto a Lei n. 12.016/2009 não haja reproduzido a regra constante do inciso III do art. 5.º, da Lei n. 1.533/1951, entendemos que caberá mandado de segurança: a) quando o ato disciplinar houver sido praticado por autoridade incompetente; b) com a finalidade de examinar não apenas a legalidade extrínseca do ato, mas os próprios motivos (justiça ou injustiça) da punição infligida. É evidente que ocorrerá, em muitas dessas situações, um embate entre o direito líquido e certo alegado pelo impetrante e o poder discricionário, inerente à autoridade pública.

---

(62) *Do mandado de segurança e institutos afins na Constituição de 1988*. São Paulo: Saraiva, 1990, p. 88.

4. Autoridade particular

Falamos, há pouco, de restrições legais implícitas quanto ao uso do *mandamus*. São, em rigor, restrições que se confundem com os pressupostos indispensáveis ao exercido da ação de segurança.

Um desses casos ocorre quando o ato violador de direito líquido e certo não é praticado por autoridade pública, nem por agente de pessoa jurídica no exercício de atribuições do Poder Público. Aqui, o prejudicado deve buscar a reparação do dano ou o restabelecimento do direito por via que não seja a do mandado de segurança, pois a lesão foi perpetrada por particular (ou privada).

Situação peculiar, a propósito, é a dos sindicatos ou das entidades sindicais, *lato sensu*. A despeito de a atual Constituição da República haver mantido o sistema da unicidade sindical, instituído pelo art. 516 da CLT, tornou concretos os anseios de liberdade e de autonomia, desde muito manifestados por essas entidades (art. 8.º, I).[63] Como os sindicatos não são órgãos da administração pública, nem exercem, em princípio, funções delegadas de poder público, os atos praticados por seus dirigentes não são susceptíveis de ataque pelo mandado de segurança. Considerando, todavia, que, nos termos do inciso IV do art. 8.º da Constituição, cabe ao Sindicato arrecadar a contribuição prevista em lei (CLT, art. 578 e segs.) e fixar, por deliberação da assembleia geral, a contribuição destinada ao custeio do sistema confederativo, pensamos ser admissível o *mandamus* contra eventual ilegalidade ou abuso de poder, quanto à forma de convocação da assembleia, às deliberações por ela tomadas, aos valores fixados a título de contribuição etc. Nesse ponto, impende rememorar que a Constituição revogada incluía, entre as funções delegadas de poder público, que cometia aos sindicatos, a de "arrecadar, na forma da lei, contribuições para o custeio da atividade dos Órgãos sindicais e profissionais e para a execução de programas de interesse das categorias por eles representadas".

5. Direito amparável por *habeas corpus* ou por *habeas data*

Embora o mandado de segurança tenha sido referido pela Constituição Federal de 1934 (art. 113, n. 33), foi a de 1946 que introduziu a ressalva de que o *mandamus* não seria cabível quando o direito lesado pudesse ser protegido por *habeas corpus* (art. 141, § 24). Essa ressalva foi reproduzida pelo Texto de 1967 (art. 150, § 21) e pela Emenda n. 1/1969 (art. 153, § 21), sendo ampliada pela

---

(63) Dispõe o referido dispositivo: "a lei não poderá exigir autorização do Estado para a fundação de sindicato, ressalvado o registro no ógão competente, vedadas ao Poder Público a interferência e a intervenção na organização sindical".

Constituição de 1988, para abranger também o *habeas data* (art. 5.º, LXIX), figura por ela incorporada (art. 52, LXXII).

Segue-se que se o direito estiver legalmente amparado pelo *habeas corpus* (direito de locomoção) ou pelo *habeas data* (direito à informação ou à retificação de dados pessoais), não haverá lugar para a impetração do *writ*, pois a norma legal delimita, com certa rigidez, os campos de atuação dessas medidas. Pode-se afirmar, por isso, que a área de incidência do mandado de segurança é residual, pois esse *writ* só pode ser impetrado nos casos em que não for possível o uso do *habeas corpus* ou do *habeas data*. Isso não quer dizer, no entanto, que o mandado de segurança não possa ser utilizado, em determinadas situações, para fazer valer o direito ao uso de outra medida. Se, por exemplo, a pessoa solicitar informações relativas à sua pessoa, constantes de registros ou de bancos de dados de entidades governamentais ou de caráter público, e for-lhe recusado, injustificadamente, o fornecimento de tais informações, poderá impetrar o *mandamus* com a finalidade de assegurar um direito que lhe confere o art. 5.º, LXXII, da Constituição Federal.

6. Matéria desportiva

Se a lesão de direito provier de entidade ligada à área desportiva, a correspondente reparação não poderá ser buscada, de mediato, pelo mandado de segurança, porquanto a Constituição da República exige o esgotamento das "instâncias da justiça desportiva" (art. 217, § 1.º), que terá o prazo de sessenta dias, contados da instauração do procedimento (não do "processo" como consta), para proferir decisão final (art. 217, § 2.º).

Nota-se aí, portanto, uma restrição ao manejo do *writ*, que, entrementes, poderá ser impetrado se: a) exaurida a via desportiva ou b) a decisão final não for proferida pela justiça desportiva no prazo de sessenta dias.

7. Autoridade pública e ato de gestão

Atos de império são os praticados pela administração pública no exercido de sua ontológica preeminência diante dos administrados e dos servidores, motivo por que devem ser prontamente acatados pelos destinatários. *Atos de gestão,* ao reverso, são os que a administração realiza sem fazer uso de sua supremacia institucional perante os administrados. É o que acontece, *e.g.*, com os atos de pura administração de bens e de serviços públicos, ou com os de natureza negocial, com os particulares, que não provocam nenhuma coerção sobre os interessados. Esses atos, se regularmente praticados, tornam-se vinculantes, geram direitos subjetivos e permanecem inalteráveis pela administração pública, exceto quando precários por sua própria natureza.[64]

Desse modo, quando a administração pública contrata um servidor pelo regime da legislação do trabalho (pressupondo-se a legalidade dessa contratação) e, tempos depois, o demite, sem justa causa, sendo o trabalhador já estável no emprego, este não poderá fazer uso do mandado de segurança para conseguir a pretendida reintegração, pois o ato da administração (despedida sem justa causa) não foi de império, mas de simples gestão. Por outras palavras, a relação jurídica material que uniu o trabalhador à administração pública foi, eminentemente, de direito privado, figurando esta como mera empregadora. Logo, caberia ao trabalhador tentar a sua reintegração no emprego por meio de medida cautelar inominada ou mesmo de ação ordinária, nunca de mandado de segurança.

Sempre, pois, que o ato da autoridade não decorrer de seu *imperium*, mas de simples *ius gestionis*, afastada estará a utilização do mandado de segurança para restaurar direito líquido e certo do interessado (ou eliminar o risco de lesão), cumprindo a este procurar o restabelecimento do direito pelas vias ordinárias, na justiça comum ou na especializada, como seria o caso dos direitos trabalhistas.

A Lei n. 12.016/2009 incorporou parte desta opinião doutrinária ao dispor que não caberá mandado de segurança contra atos de gestão comercial praticados pelos administradores de empresas públicas, de sociedade de economia mista e de concessionárias de serviço público (art. 1.º, § 2.º).

Estatui, ainda, o § 5.º do art. 7.º da Lei n. 12.016/2009 que as vedações pertinentes à concessão de liminares, previstas no referido artigo, se estendem à tutela antecipada de que tratam os arts. 273 e 461 do CPC. Estava a viger, na altura, o CPC de 1973. Temos, agora, um novo Estatuto de processo civil (2015). É em relação às *tutelas provisórias*, de que se ocupa o novo Código, que se deve entender a remissão efetuada pelo § 5.º do art. 7.º da Lei n. 12.016/2009.

Façamos uma ponderação necessária. O art. 1.º, § 2.º, da Lei n. 12.016/2009 veda a concessão do *writ* contra atos de natureza comercial praticados pelos administradores de empresas públicas, sociedades de economia mista e concessionárias de serviço público. Entendemos, todavia, que se esses atos, embora negociais, forem regulados por normas de *direito público*, poderão ser atacados por meio de mandado de segurança. Nossa opinião não pretende desafiar a disposição legal mencionada, senão que lhe dar adequada interpretação em face da importância que as ações mandamentais ostentam na complexa estrutura constitucional dos direitos e garantias individuais – e coletivas (CF, art. 5.º, LXIX e LXX).

---

(64) Hely Lopes Meirelles. Obra cit., p. 125-126.

Nos termos do § 5.º do art. 6.º da Lei n. 12.016/2009, "Denega-se o mandado de segurança nos casos previstos pelo art. 267 da Lei n. 5.869, de 11 de janeiro de 1973 – Código de Processo Civil". A remissão, doravante, há que ser entendida em relação ao art. 485 do CPC de 2015. O verbo *denegar*, utilizado da redação da norma, é inadequado, pois, em rigor, quando o juiz dá fim ao processo *com* exame do mérito (CPC, art. 487), *também há degenação* do *mandamus*. Todavia, a referência feita pela Lei n. 12.016/2009 ao art. 267 do CPC de 1973 (art. 485 do CPC de 2015) está a revelar que o legislador quis, na verdade, aludir aos casos de extinção do processo de ação mandamental *sem* resolução do mérito.

De resto, cumpre-nos recordar que o mandado de segurança pode ter caráter *preventivo* ou *repressivo*. No primeiro caso, ele se destina a evitar a lesão (em regra, iminente) de direito líquido e certo; no segundo, a restaurar a integridade desse direito.

CAPÍTULO IX

MINISTÉRIO PÚBLICO

1. Comentário

Dispõe o art. 12 da Lei n. 12.016/2009 que findo o prazo para a autoridade apontada como coatora prestar informações, será ouvido o representante do Ministério Público, "que opinará, dentro do prazo improrrogável de 10 (dez) dias".

Esse prazo, no sistema da Lei n. 1.533/1951, era de cinco dias (art. 10). A dilatação do prazo parece estar em desacordo com o inciso LXXVIII do art. 5.º da Constituição Federal, que assegura a todos, no âmbito judicial e administrativo, a razoável duração do processo e os meios que assegurem a celeridade de sua tramitação. Na verdade, esta norma constitucional tem natureza programática; quando não, encerra uma declaração de princípio, de caráter genérico, não sendo contravinda por normas infraconstitucionais que, por motivos justificáveis, distendam a duração do processo. No caso do art. 12 da Lei n. 12.016/2009, é razoável supor que a dilação do prazo, de cinco para dez dias, atendeu ao elevado crescimento do número de processos em geral, nos quais o Ministério Público deve emitir parecer. O mesmo se pode afirmar, *mutatis mutandis*, quanto à elevação do prazo de dez para trinta dias, para que o juiz profira a sentença (art. 12, parágrafo único).

Convém esclarecer que o prazo para o Ministério Público manifestar-se nos autos do processo de mandado de segurança, na qualidade de fiscal da lei, é *próprio*, vale dizer, se não houver essa manifestação do *Parquet*, isso não prejudicará o trâmite do processo, que prosseguirá rumo à sentença ou ao acórdão, conforme seja o caso. Merece elogios, neste particular, a Lei n. 12.016/2009, por motivos óbvios.

A audiência do Ministério Público é indispensável, razão por que a sua falta acarreta a nulidade do processo. *Mutatis mutandis*, aplica-se à ação de segurança, no particular, a regra nulificante contida no art. 84 do diploma processual civil: "Quando a lei considerar obrigatória a intervenção do Ministério Público, a parte promover-lhe-á a intimação sob pena de nulidade do processo". No caso da Lei n. 12.016/2009, não incumbe à parte a iniciativa de promover a intimação do Ministério Público, e, sim, ao magistrado.

Dúvida, que ainda assalta o espírito dos doutrinadores, diz respeito a saber em que qualidade o Ministério Público funciona no processo de mandado de segurança: como representante judicial (advogado) da pessoa jurídica de direito público a que se encontra vinculada a autoridade coatora ou como fiscal da lei?

Castro Nunes,[(65)] Themístocles Cavalcanti,[(66)] Guilherme Estellita,[(67)] e Celso Agrícola Barbi,[(68)] entre outros, entendem que a atuação do Ministério Público se dá na qualidade de representante judicial da pessoa jurídica de direito público. Argumenta, por todos, o último: "a vista do Ministério Público, referida no art. 10 da Lei n. 1.533, deve ser sempre entendida como se referindo (*sic*) ao representante judicial da pessoa de direito público interessada, e não a um órgão encarregado apenas de opinar imparcialmente, como são os Ministérios Públicos dos Estados. Entender-se o contrário será dar às leis de mandado de segurança o sentido de regularem diferentemente esse processo, conforme a autoridade coatora seja ou não federal. Pelo entendimento da maioria, nos mandados de segurança requeridos contra a União, não há Órgão encarregado de falar imparcialmente, e haverá dupla defesa, uma pela autoridade coatora e outra pela Procuradoria da República. E nos mandados contra autoridades estaduais ou municipais haverá apenas uma defesa pelo coator e uma fala imparcial do Ministério Público, o que é diversidade de tratamento que deve ser evitada. Em reforço dessa tese existe ainda o art. 2.º da citada Lei n. 4.348, relativo à decretação da caducidade da liminar, por inércia do impetrante, a qual poderá ser feita *ex officio* ou a requerimento do Ministério Público. Ora, se esse órgão nos Estados tiver a função de apenas oficiar, não se compreende como se lhe dê a iniciativa de promover uma medida caracteristicamente de defesa da pessoa de direito público. (...) Daí entendermos que nas leis de mandado de segurança, onde figura a expressão 'Ministério Público' deve-se entender 'representante judicial da pessoa jurídica de direito público interessada'. E este, ao funcionar, fará a defesa da representada, completando, assim, aquela defesa feita pela autoridade coatora, possivelmente incompleta pelo eventual despreparo jurídico desta. (...) Como argumento final, lembramos que, quando o processo do mandado de segurança era regido pelo Código de Processo Civil de 1939, não havia nele nenhum artigo que determinasse a audiência do Ministério Público. De acordo com o art. 324 daquele Código, findo o prazo para as informações, os autos iriam ao juiz para sentença. A Lei n. 1.533 suprimiu a citação do representante judicial da pessoa jurídica de direito público, mantendo apenas o pedido de informações à autoridade coatora. Com isso, suprimiu a contestação por aquele representante judicial, o que poderia enfraquecer a defesa do direito

---

(65) Obra cit., p. 322.
(66) Obra cit., p. 16.
(67) *O Ministério Público e o processo civil*. Rio de Janeiro: Freitas Bastos, 1956, p. 16-17.
(68) Obra cit., p. 233-235.

da pessoa jurídica. Mas, coerentemente, para que fossem suprimidas eventuais falhas na defesa constante das informações da autoridade coatora, instituiu a audiência do Ministério Público. Este, portanto, especialmente na estrutura dos serviços da União, iria defendê-la, como faz até hoje; jamais falar imparcialmente, porque sua missão, onde há interesse da União, é a de defendê-los, e não de ser seu censor ou juiz".[69]

Discordamos, *venia permissa,* desse entendimento. Conforme havíamos dito, em capítulo anterior, a função do Ministério Público, no processo de mandado de segurança, não é a de representante (advogado) da pessoa jurídica de direito público, à qual se acha ligada a autoridade indicada como coatora, mas, sim, a de fiscal da lei. Logo, a sua atuação, nessa qualidade, deve ser, em princípio, independente e imparcial, pois o Ministério Público corresponde a uma espécie peculiar de magistratura. Quanto ao fato de a revogada Lei n. 1.533/1951 – rompendo com o sistema introduzido pelo CPC de 1939 – não mandar citar a pessoa jurídica de direito público interessada, mas apenas ouvir o Ministério Público – deveu-se, como sabemos, à constatação de que, na maioria das vezes, a defesa dessa pessoa jurídica era, praticamente, uma reprodução das informações prestadas pela autoridade coatora, razão por que pareceu ao legislador de 1951 aconselhável dispensar a citação daquela. A audiência do Ministério Público, tomada obrigatória pela antedita norma legal, não teve, como pensa Celso Agrícola Barbi, o escopo de compensar a ausência de defesa direta pela pessoa jurídica de direito Público. O Ministério Público intervém nesse processo, como autêntico fiscal da lei, cabendo ao juiz decidir a causa com fulcro nas informações prestadas pela autoridade coatora.

A Lei n. 12.016/2009 eliminou qualquer possibilidade de sustentação da tese de que o Ministério Público funcionaria nos autos da ação de mandado de segurança como representante judicial da pessoa jurídica interessada, porquanto o inciso II do art. 7.º, determina que o juiz, ao despachar a inicial, "dê ciência do feito ao órgão de representação judicial da pessoa jurídica interessada", à qual remeterá cópia da inicial, para que, desejando, ingresse nos autos. Por outro lado, o art. 12 da mesma norma legal dispõe que, findo o prazo para a autoridade apontada como coatora prestar informações, o juiz ouvirá o representante do Ministério Público, que disporá do prazo de dez dias para manifestar-se.

A Lei n. 12.016/2009, no particular, seguiu os passos da Lei n. 1.533/1951 (art. 10), inclusive quanto à declaração de que com ou sem parecer do Ministério Público (desde que intimado) os autos serão conclusos ao juiz, para a decisão, que deverá ocorrer no prazo de trinta dias (art. 10, parágrafo único).

---

(69) *Idem.*

De qualquer forma, o parecer dos que afirmam que o Ministério Público funciona nas ações de segurança como advogado da pessoa jurídica de direito público interessada tornou-se insustentável em face da atual Constituição da República, cujo art. 131 atribui à Advocacia-Geral da União a incumbência de representar a União, judicial ou extrajudicialmente.

Como se não bastasse, o art. 129, IX, da mesma Constituição proíbe o Ministério Público de exercer a *representação judicial de entidades públicas*. A essa instituição permanente, essencial à função jurisdicional do Estado, cabe, isto sim, "a defesa da ordem jurídica, do regime democrático e dos interesses sociais e individuais indisponíveis" (CF, art. 127, *caput*).

Nem é diverso o que se passa com relação ao Ministério Público do Trabalho, que funciona por intermédio da Procuradoria-Geral e das Procuradorias Regionais, conforme seja o caso. Nos processos de mandado de segurança, a Procuradoria competente deverá ser ouvida, no prazo de dez dias, após o decurso destinado à prestação de informações pela autoridade apontada como coatora, sob pena de nulidade; em seguida, os autos serão conclusos para julgamento, ou incluídos em pauta, para o mesmo fim, conforme a competência seja do juízo de primeiro grau ou dos tribunais, respectivamente.

Considerando que a Procuradoria não atua, em sede de mandado de segurança, como defensora da pessoa jurídica de direito público a que se vincula a autoridade indigitada como coatora, mas como fiscal da lei, isso corresponde a afirmar que ela pode, em alguns casos, defender o ato impugnado e, em outros, censurá-lo.

Pode, também, a Procuradoria requerer a declaração de caducidade ou de perempção da medida liminar concedida quando o impetrante criar empecilhos ao regular andamento do processo, deixando de promover, por mais de três dias úteis, os atos e diligências que lhe cumprirem (Lei n. 12.016/2009, art. 8.º). A perempção ou a caducidade também poderão ser decretadas *ex officio* (art. 8º).

A Lei n. 4.348/1964 permitia, ainda, ao Ministério Público requerer a suspensão da execução da liminar ou do acórdão, ao Presidente do Tribunal competente, sempre que a providência fosse necessária para evitar grave lesão à ordem, à saúde, à segurança e à economia públicas. A Lei n. 12.016/2009, que revogou a Lei n. 4.348/1964, estabelece que "Quando, a requerimento de pessoa jurídica de direito público interessada ou do Ministério Público e para evitar grave lesão à ordem, à saúde, à segurança e à economia públicas, o presidente do tribunal ao qual couber o conhecimento do respectivo recurso" poderá suspender, em decisão fundamentada, a execução da liminar e da sentença (art. 15, *caput*). Dessa decisão caberá agravo, sem efeito suspensivo, no prazo de cinco dias, que será levado a julgamento na sessão seguinte à sua interposição. A Lei

n. 4.348/1964 fixava o prazo de dez dias, contados da publicação do ato, para a interposição do agravo

A Súmula n. 506 do STF, por sua vez, esclarece que "O agravo a que se refere o art. 4.º da Lei n. 4.348, de 26.6.1964, cabe, somente, do despacho do presidente do Supremo Tribunal Federal que defere a suspensão da liminar, em mandado de segurança; não do que a denega".

Caso seja indeferido o pedido de suspensão ou provido o agravo a que se refere o *caput* do art. 15 da Lei n. 12.016/2009, caberá novo pedido de suspensão ao presidente do tribunal competente para conhecer de eventual recurso especial ou extraordinário (Lei n. 12.016/2009, art. 15, § 1.º). Esta redação constitui reprodução da contida no art. 4.º, § 1.º, da revogada Lei n. 4.348/1964.

Será cabível também o pedido de suspensão a que se refere o § 1.º do art. 15, quando for negado provimento a agravo de instrumento interposto contra a liminar de que trata o mencionado artigo (Lei n. 12.016/2009, art. 15, § 2.º). Esta era, igualmente, a disposição do art. 4.º, § 5.º, da revogada Lei n. 8.437/1992.

A interposição de agravo de instrumento contra liminar concedida nas ações promovidas em face do poder público e seus agentes não prejudica nem condiciona o julgamento do pedido de suspensão a que se refere este artigo (Lei n. 12.016/2009, art. 15, § 3.º). A norma referida constitui reprodução literal do § 6.º do art. 4.º da Lei n. 8.437/1992. No sistema do processo do trabalho não cabe agravo de instrumento na situação em foco.

Funcionando como fiscal da lei, nos processos de mandado de segurança, a Procuradoria terá legitimidade para interpor recurso do acórdão pertinente (CPC, art. 996, *caput*), dispondo de prazo em dobro para fazê-lo (CPC, art. 180, *caput*).

CAPÍTULO X

COMPETÊNCIA

Considerando-se que a Justiça do Trabalho possui, de maneira tão peculiar quão injustificável, três graus de jurisdição, vejamos como se encontra legalmente distribuída, entre esses graus, a competência para o julgamento de ações de segurança.

1. Varas do Trabalho

Anteriormente à vigência da Emenda Constitucional n. 45/2004, os órgãos de primeiro grau da Justiça do Trabalho não possuíam competência para apreciar ações de mandado de segurança. A competência em relação à matéria era exclusiva dos tribunais.

Com o advento da referida EC, as Varas do Trabalho passaram a ser competentes para apreciar mandados de segurança – assim como *habeas corpus* e *habeas data* – "quando o ato questionado envolver matéria sujeita à sua jurisdição" (CF, art. 114, IV). Isto significa que o *mandamus* poderá ter como objeto, por exemplo, ato praticado por auditor fiscal do trabalho, por delegado regional do trabalho, por médico vinculado à delegacia regional do trabalho.

Uma nota oportuna: o STF, na ADI 3.684-0 (DJU de 03.08.2007), concedeu medida liminar, com efeito *ex tunc*, para dar interpretação conforme, e decidir que "*o disposto no art. 114, incs. I, IV e IX, da Constituição da República, não atribui à Justiça do Trabalho competência para processar a julgar ações penais*" (destacamos). No que esteve certo.

Das sentenças proferidas pelas Varas do Trabalho em processo de mandado de segurança caberá recurso ordinário ao Tribunal Regional correspondente (CLT, art. 895, *a*).

2. Tribunais Regionais do Trabalho

No âmbito dos Tribunais do Trabalho, a competência para o julgamento das ações de mandado de segurança é fixada pelo Regimento Interno.

Diz a Súmula n. 433 do Supremo Tribunal Federal ser "competente o Tribunal Regional do Trabalho para julgar Mandado de Segurança contra ato de seu presidente em execução de sentença trabalhista". Antes de revelarmos o motivo pelo qual fizemos alusão a essa Súmula, devemos chamar a atenção para algumas impropriedades técnicas que estão a comprometer o seu enunciado. Em primeiro lugar, o que se julga não é o mandado de segurança, mas a *ação* de segurança; o mandado é o *objeto* da ação; em segundo, se o ato do presidente do Tribunal Regional do Trabalho foi praticado na execução, esta só pode ser trabalhista. O uso deste adjetivo poderia ter sido perfeitamente dispensado, sem prejuízo da intelecção do texto. O vício tautológico é manifesto.

O que nos levou, todavia, a referir a Súmula n. 433 do Excelso Pretório foi a preocupação de esclarecer que ela não tem mais aplicação prática, porquanto, atualmente, o segundo grau da jurisdição trabalhista, em execução de sentença, não é mais o presidente do tribunal e sim o Pleno do Tribunal, a Seção Especializada ou Turma deste.

3. Tribunal Superior do Trabalho

Por força da Lei n. 7.701, de 21 de dezembro de 1988, compete:

a) à Secção especializada em dissídios coletivos julgar mandado de segurança impetrado contra ato do Presidente do Tribunal ou de qualquer Ministro integrante dessa Seção em processo de dissídio coletivo (art. 2.º, I, *d*);

b) à Seção de dissídios individuais julgar os mandados de segurança de sua competência originária, na forma da lei (art. 3.º, I, *b*).

Nos termos do Regimento Interno do Tribunal Superior do Trabalho, compete:

> 1) ao Órgão Especial, em matéria judiciária:
>
> (...) julgar mandado de segurança impetrado contra atos do Presidente ou de qualquer Ministro do Tribunal, ressalvada a competência das Seções Especializadas (art. 69, I, *b*);
>
> 2) à Seção Especializada em Dissídios Individuais:
>
> III – à Subseção II:
>
> a) originariamente:
>
> I. (...)
>
> II. julgar os mandados de segurança contra os atos praticados pelo Presidente do Tribunal, ou por qualquer dos Ministros integrantes da Seção Especializada em Dissídios Individuais, nos processos de sua competência (art. 71).

Mesmo que se trate de ato administrativo do Tribunal Superior do Trabalho ou de seu presidente, o mandado de segurança pertinente será apreciado pela mais alta Corte de jurisdição trabalhista do país, como assentou o Supremo Tribunal Federal: "Competência dos tribunais do trabalho para o julgamento de mandados de segurança contra atos administrativos seus, ou dos respectivos presidentes. Jurisprudência invariável do Supremo Tribunal Federal, no sentido de tal competência" (RE-74.957-SP, Rel. Min. Xavier de Albuquerque, *in* RTJ, vol. 73, julho de 1975, p. 158).

No tocante, especificamente, aos Tribunais Regionais do Trabalho, também decidiu o Excelso Pretório que compete a essas Cortes o julgamento das ações de segurança ajuizadas contra atos administrativos seus ou do presidente (RE-84. 817-RJ, Pleno, Rel. Min. Cordeiro Guerra, *in* RTJ, vol. 80, abril de 1977, p. 249).

Em resumo, compete:

1. às Varas do Trabalho a apreciação e o julgamento das ações de mandado de segurança impetrados contra ato de autoridades administrativas sediadas na jursdição das Varas, e desde que o ato impugnado envolva matéria sujeita à jurisdição trabalhista (CF, art. 114, IV). Excetuam-se os casos em que há, em benefício da autoridade, a prerrogativa de foro;

2. aos Tribunais Regionais do Trabalho, os *mandamus* impetrados contra ato de juiz do trabalho de primeiro grau, ou mesmo de juízes do tribunal, seja em matéria judicial ou administrativa;

3. ao Tribunal Superior do Trabalho os *writs* impetrados contra ato praticados por seus ministros.

4. Notas finais

a) O Superior Tribunal de Justiça é constitucionalmente provido de competência para processar e julgar, de modo originário, os mandados de segurança impetrados contra atos de Ministros de Estado, dos Comandantes da Marinha, do Exército e da Aeronáutica ou do próprio Tribunal (CF, art. 105, I, *b*); falta-lhe competência, porém, para apreciar ação de segurança que tenha como objeto ato praticado por Presidente de outro Tribunal, ainda que inferior;

b) O Supremo Tribunal Federal é desapercebido de competência para julgar mandado de segurança impetrado contra ato de Tribunais do Trabalho (e também de Tribunais de Justiça). De ordinário, tais *mandamus* são apreciados pelos próprios tribunais que tenham praticado o ato impugnado. Esse princípio está inscrito na Lei Orgânica da Magistratura Nacional (Lei Complementar n. 35, de 14 de março de 1979), como demonstra o art. 21, segundo o qual compete privativamente aos tribunais "VI – julgar, originariamente, os mandados de segurança contra seus atos, os dos respectivos Presidentes e os de suas Câmaras, Turmas ou Seções".

Em regra, a competência territorial para processar e julgar ações de segurança é determinada pela localidade em que a autoridade indicada como coagente possui a sua sede.

CAPÍTULO XI

PRAZO PARA A IMPETRAÇÃO

1. Comentário

É de cento e vinte dias o prazo para o ajuizamento da ação de segurança, contado da ciência, pelo interessado, do ato violador de um seu direito subjetivo líquido e certo (Lei n. 12.016/2009, art. 23). Igual prazo era previsto na Lei n. 1.533/1951 (art. 18).

Cento e vinte dias não correspondem, necessariamente, a quatro meses; daí o cuidado especial que se deve ter na contagem desse prazo.

A propósito, o critério para a contagem dos prazos processuais está expresso no art. 775 da CLT. Nessa mesma linha de critério está a Súmula n. 310 do STF: "Quando a intimação tiver lugar na sexta-feira, ou a publicação com efeito de intimação for feita nesse dia, o prazo judicial terá início na segunda-feira imediata, salvo se não houver expediente, caso em que começará no primeiro dia útil que se seguir".

O estabelecimento de um prazo para a impetração do *mandamus* não pode ser visto, porém, como um obstáculo ao exercício do direito constitucional de ação? É elementar que não. Tirante uns poucos casos – como o da ação declaratória –, de resto o nosso sistema normativo fixa prazos não apenas para a prática de atos do processo, como para a própria invocação da tutela jurisdicional do Estado, a fim de evitar que o Judiciário (e a parte adversa) fique à mercê do interessado, que, assim, poderia realizar o ato ou ingressar em juízo quando melhor lhe aprouvesse. Se assim fosse, teríamos uma insensata consagração da negligência e do capricho do titular do direito.

No campo específico da ação de segurança, seria inconcebível que alguém pudesse permanecer, durante anos, a assistir, sem nenhuma reação jurídica, à prática de atos lesivos de seu direito líquido e certo, para, somente muito tempo depois, decidir-se pelo ingresso em juízo com a finalidade de restaurar o direito. Foi por motivos tanto jurídicos quanto políticos que o legislador, em atitude correta, assinou prazos para o exercício das ações, em geral, e da ação de segurança, em particular. O prazo de cento e vinte dias, para isso, é extremamente razoável e sua fixação remonta à Lei n. 191/1936.

Cumpre-nos acrescentar que a lei, ao estabelecer o prazo supracitado, não visou, como se possa supor, a limitar ou a empecer o direito de o indivíduo alcançar, mediante um provimento da jurisdição, a tutela de um direito "líquido e certo" lesado ou ameaçado de lesão, mas, apenas, a regular, a disciplinar o exercício "temporal" desse direito público subjetivo.

Seria de preclusão ou de decadência a prazo para a impetração do *writ*?

Ao tempo em que esteve a viger a Lei n. 1.533/1951, Alfredo Buzaid afirmou que não se justificava a discussão sobre o assunto, pois "o Congresso Nacional, ao elaborar a Lei n. 1.533/51, quis liberadamente afastar a controvérsia sobre prescrição, decadência e preclusão e para isso empregou a fórmula 'O direito de requerer mandado de segurança extinguir-se-á' (art. 18). O prazo para impetrar mandado de segurança não é prazo preclusivo, porque ele não se verifica no curso do processo, tampouco é de prescrição ou decadência, porque não fere mortalmente o direito material, que remanesce imprejudicado (*sic*), podendo ser pleiteado por via ordinária. O prazo é extintivo de uma faculdade pelo seu não-exercício dentro do cento e vinte dias, contados da ciência do ato a ser impugnado. Não se justifica, pois, recorrer aos conceitos de prescrição, de decadência e de preclusão, para explicar a natureza do prazo, quando a própria lei subministra a idéia correta, que é a de extinção do direito de requerer mandado de segurança".

Não compartilhamos esse ponto de vista. Que o decurso, *in albis*, do prazo extingue o direito de ajuizar ação de segurança é algo de que não se pode duvidar, diante da inequívoca expressão da norma legal (Lei n. 12.016/2009, art. 23). O que se deseja saber é se essa extinção decorre de decadência ou de prescrição, porquanto há necessidade de definir-se se o referido prazo pode ser suspenso, interrompido ou prorrogado, ou não. Logo, a investigação acerca da ocorrência de prescrição ou de decadência não é inútil, como pareceu ao saudoso jurista de São Paulo.

Em outro livro, chegamos à conclusão de que se tratava de prazo *sui generis*: *prescricional*, porque o seu decurso não afetava o direito material, que poderia, assim, ser vindicado em outras vias processuais, que não a do *mandamus*; e *decadencial*, porquanto o seu curso não se interrompia, não se suspendia nem se prorrogava. Reconhecemos, todavia, que se tratava de uma opinião heterodoxa, uma vez que a doutrina se havia inclinado em admitir com decadencial o prazo para o exercício da ação de mandado de segurança. Não só a doutrina, como a jurisprudência e o legislador.

Declara, por exemplo, o § 6.º do art. 6.º da Lei n. 12.016/2009 que o pedido de mandado de segurança poderá ser renovado "dentro do prazo decadencial" se a decisão denegatória não lhe houver apreciado o mérito. A Lei n. 1.533/1951, ao tratar do tema (art. 16), não fazia alusão a ser decadencial esse prazo. A Súmula n. 632 do STF dispõe: "É constitucional lei que fixa o prazo de decadência para a impetração de mandado de segurança" (destacamos). No mesmo sentido, a OJ n. 127 da SBDI-2 do TST: "*Mandado de segurança. Decadência. Contagem. Na contagem do prazo decadencial para ajuizamento de mandado de segurança, o efetivo ato coator é o primeiro em que se firmou a tese hostilizada e não aquele que a ratificou*" (destacamos).

Como vimos, a Lei n. 12.016/2009 esclarece que o prazo de cento e vinte dias, para a impetração do mandado de segurança, será contado a partir da ciência, pelo interessado, do ato a ser impugnado (art. 23).

Alguns escólios a respeito da matéria devem ser formulados:

a) em princípio, não se aplicam à decadência as causas que impedem, suspendem ou interrompem a prescrição (CC, art. 207);

b) eventual pedido de reconsideração do ato, feito pelo interessado na via administrativa, não interrompe o prazo para o ajuizamento da ação de segurança (Súmula n. 430 do STF);

c) se, todavia, o pedido de reconsideração do ato for expressamente previsto em lei e dotado de efeito suspensivo, o prazo para a impetração do *writ* só se inicia após a ciência, pelo interessado, do resultado da apreciação daquele pedido;

d) se o interessado deixou de apresentar, sem justo motivo legal, defesa contra o ato inquinado de ilegal, o prazo para solicitar o *mandamus* flui da data em que se iniciou o prazo para a formulação da defesa, e não da data em que o prazo desta se encerrou;

e) tendo o interessado interposto recurso administrativo (desde que este fosse cabível na espécie), o prazo para o ajuizamento da ação assecuratória só será contado depois do julgamento daquele recurso, mormente se dotado de efeito suspensivo;

f) se o interessado deixou de interpor, do ato administrativo, o recurso previsto em lei e de efeito suspensivo, somente depois do último dia do prazo para essa interposição é que passará a correr o prazo para a impetração do mandado de segurança. O critério, como se nota, é diverso do estabelecido com relação à falta de defesa, na via administrativa (letra c, retro), porque antes de exaurido o prazo para a interposição do recurso administrativo o ato não era exequível, vale dizer, não estava apto a produzir efeitos;

g) caso o recurso administrativo não seja admitido (por ter sido interposto tardiamente, por não ser cabível etc.), o prazo para o exercício da ação de segurança será contado não da ciência, pelo interessado, da recusa do recurso e sim da ciência do ato administrativo do qual o recurso foi interposto;

h) se a lei estabelecer prazo para a autoridade pública praticar o ato e a efetivação deste não depender de requerimento do interessado (pois o ato deve ser praticado por iniciativa da autoridade), o prazo para a impetração do *mandamus* fluirá do dia em que findar o prazo dirigido à referida autoridade;

i) se o ato violador de direito subjetivo líquido e certo for jurisdicional, o prazo para a impetração do mandado de segurança será contado da intimação daquele ato, ou de sua cognição espontânea pelo prejudicado. Embora esse prazo seja de decadência (sob o aspecto estrito de seu curso), somente se inicia em dia útil, conquanto, contrariando a regra geral (CLT, art. 775), se exaura mesmo em dia desútil, pois apenas os prazos ditos "prescricionais" se prorrogam.

Firmara a jurisprudência o entendimento de que quando a intimação fosse feita por intermédio de jornal oficial, que circulasse apenas na parte da tarde, deveria ser acrescido um dia à contagem do prazo, com fulcro na Lei n. 1.408/1951. O Supremo Tribunal Federal, no entanto, lançou por terra essa praxe, sob o irrepreensível argumento de que o estatuto processual civil de 1973 revogou aquela lei, de tal maneira que o prazo passa a fluir "do dia imediato ao da intimação, mesmo quando esta se deu mediante publicação no órgão oficial que tenha circulado apenas na parte da tarde, ressalvados os casos especiais previstos no mesmo Código" (RE n. 83.847, Rel. Min. Cunha Peixoto, *in* DJU de 09.04.1976, p. 2.387).

Devemos observar, aliás, que quando a intimação for efetuada pela publicação do ato no diário (ou jornal) oficial, é necessário que dela constem os nomes das partes e de seus advogados, com o respectivo número de inscrição na OAB "ou, se assim requerido, da sociedade de advogados" (CPC, art. 272, § 2.º). O § 3.º do art. 272 dessa norma legal adverte que "A grafia do nome das partes não deve conter abreviaturas".

Contendo a publicação erros ou omissões, uma outra deverá ser feita, hipótese em que o prazo passará a correr da última, corretiva da anterior. Caso o tribunal venha a reputar absolutamente desnecessária a republicação, o prazo será contado da primeira publicação – cuja particularidade poderá fazer com que, em alguns casos, a petição inicial da ação de segurança seja indeferida (Lei n. 12.016/2009, art. 10), por haver sido levada a juízo após a exaustão do prazo de cento e vinte dias.

Sendo o mandado de segurança impetrado dentro do prazo legal, mas perante juízo incompetente, esse erro da parte não lhe acarretará a perda do direito de exercer a ação, pois os autos deverão ser encaminhados ao juízo competente (CPC, art. 113, § 2.º) – conforme é de nosso entendimento.

Pertinentemente ao mandado de segurança *preventivo*, julgamos não ser possível, em princípio, cogitar-se do prazo para a impetração, dada a natural dificuldade de determinar-se o momento em que o espírito do impetrante se viu invadido por justo receio de ter seu direito líquido e certo molestado por ato ilegal ou abusivo de poder de autoridade. A simples ameaça, portanto, não deflagra o prazo; portanto, é necessário que ocorra a ofensa. Nada obstante, pensamos que, se por algum meio, ficar demonstrado que a ameaça surgiu há mais de cento e vinte dias, estará extinto o direito de o interessado fazer uso da ação de segurança, em virtude do decurso do prazo. Uma nota apropositada: como o que se extingue é o direito de ação (prescrição), não o direito material (isso seria efeito da decadência), este poderá ser pleiteado em outras vias, como a cautelar, por exemplo, oportunidade em que o interessado haverá de invocar o poder geral de cautela do órgão jurisdicional (CPC, arts. 300 e 301).

Já o prazo para que terceiro impetre o *writ* passa a fluir não da data em que a parte tenha sido cientificada da decisão, mas do momento em que o terceiro tiver efetivo conhecimento daquela decisão. Essa orientação deve ser atendida mesmo quando o ato visado pelo terceiro seja jurisdicional; neste particular, há uma acentuada similitude com o critério que é adotado para a contagem do prazo atinente aos embargos de terceiro: só quando este sofrer os efeitos da constrição judicial de seu patrimônio é que será liberado o prazo para tentar livrar-se desse molestamento.

Uma questão final: o prazo de cento e vinte dias para a impetração do mandado de segurança deve ser contado em dias úteis ou não? Por outras palavras: aplica-se à ação de mandado de segurança o disposto no art. 219 do CPC? A resposta provocou cisão na doutrina e na jurisprudência. Temos opinião a respeito do assunto. O fato de o prazo para a impetração do *mandamus* ser decadencial (Lei n. 12.016/2009, art. 6.º, § 6.º; TST, SBDI-2, OJ n. 127) é irrelevante, a nosso ver, para a solução do problema. Pois bem. Tanto a CLT (art. 775) quanto o CPC (art. 219) declaram que os prazos serão contados em dias úteis. A diferença entre um sistema e outro está em que, no da CLT, o art. 775 somente incide nos prazos estebelecidos no Título X, que versa sobre o "Processo Judiciário do Trabalho", ao passo que, no do CPC, o art. 219 se refere aos prazos estabelecidos pelo juiz ou *por lei*. Assim, enquanto a CLT circunscreve a incidência do art. 775 aos prazos nela previstos (endógeno), o CPC projeta essa incidência para além de suas disposições internas: aqui, o art. 219 se aplica aos prazos processuais previstos em lei, vale dizer, em *qualquer lei*, mesmo que externa ao CPC (exógeno).

Considerando que a CLT não contém normas disciplinadoras da ação de mandado de segurança, tem-se que, também na Justiça do Trabalho, o prazo para o exercíoio dessa ação deverá ser contado em dias úteis, por força do disposto nos arts. 769 da CLT, conjugado com o art. 219 do CPC.

CAPÍTULO XII

USO ANÔMALO DA AÇÃO DE SEGURANÇA

A observação daquilo que ordinariamente acontece nos domínios da realidade forense e, também, das transformações, experiências e inovações a que ela se submete em decorrência da dinâmica do direito e dos próprios fatos da vida (CPC, art. 375) nos levou a introduzir este capítulo no livro, após a sua primeira edição.

Particularmente, estamos convencidos de que a prática tem contribuído para o aprimoramento do processo, pois, não raro, é nela que o legislador vai abeberar-se para extrair elementos que lhe permitam elaborar normas adequadas para regular as relações entre os litigantes ou entre estes e o juiz; enfim, para estruturar e disciplinar o universo poliédrico e conflituoso do processo.

O título que demos ao capítulo, entretanto, permite entrever a nossa discordância quanto a determinado fato que vem ocorrendo no terreno da realidade prática, consistente no emprego da ação de segurança com vistas a certos fins para os quais, a nosso ver, ela é imprópria. Por esse motivo, estamos a aludir ao uso anômalo dessa ação.

Indiquemos, a seguir, algumas dessas situações.

1. Atribuição de efeito suspensivo a recurso

Na área do processo civil, como vimos, a jurisprudência vinha admitindo, até com certa uniformidade, o uso da ação de segurança para atribuir efeito suspensivo a recurso.

Se essa prática convinha àquele processo, pelos motivos que pudessem os seus defensores invocar, não podíamos admitir, em hipótese alguma, a sua adoção pelo processo do trabalho.

Por duas razões assim entendíamos.

Primeiramente, jamais se poderia perder de vista o princípio, soberanamente inscrito no art. 899, *caput*, da CLT, de que os recursos, no processo do trabalho, possuem efeito, exclusivamente, devolutivo. Dizíamos, aliás, que não vinha ao caso investigar se o adjetivo *devolutivo* era impróprio, ou não, conquanto entendêssemos que o era, pois, em rigor, essa devolução só ocorria, na verdade, nos sistemas do passado, em que o monarca detinha, com exclusividade, o poder de julgar, embora o delegasse, em alguns casos, a prepostos, cujas decisões, quando impugnadas pelas partes, *devolviam* (aqui, sim) o conhecimento da matéria ao monarca.

Estando fora de qualquer dúvida razoável que, no processo do trabalho, os recursos são dotados de efeito, apenas, devolutivo, não víamos como a parte pudesse impetrar, com êxito, mandado de segurança com o objetivo de atribuir efeito suspensivo ao seu recurso, exceto se as leis e os princípios devessem ser maltratados. Realmente, sendo requisito fundamental para a concessão de mandado dessa natureza a existência de direito líquido e certo do impetrante, ficava difícil entender como este poderia demonstrar a liquidez e a certeza mencionadas, quando, ao contrário, o art. 899, *caput,* da CLT patenteava a falta desse direito.

Dir-se-ia, talvez, que, a despeito da clareza da referida norma processual trabalhista, algumas situações dramáticas, caracterizadas por uma inegável possibilidade de lesão irreparável do direito do impetrante, autorizariam conceder-se efeito suspensivo ao recurso interposto. Não negávamos o fato de que, em alguns casos, a falta de efeito suspensivo do recurso pudesse acarretar prejuízos ao recorrente. Mesmo assim, ponderávamos que esses casos eram muito escassos, pois o efeito meramente devolutivo não permitia a expropriação do patrimônio do recorrente, porquanto a execução, por ser provisória, não iria além da penhora e avaliações dos bens.

Apesar disso, se, em determinada situação, ficasse demonstrado que os danos ao direito do recorrente seriam irreparáveis ou de difícil reparação, em virtude de o seu recurso ser dotado de efeito apenas devolutivo, nem por isso seria cabível a ação de segurança, uma vez que, como alertávamos, diante dos termos do art. 899, *caput,* do CPC (referíamo-nos ao Código de 1973), a parte não poderia alegar a existência de direito líquido e certo de ver atribuído ao seu recurso efeito suspensivo.

O máximo que poderíamos transigir, na espécie, era ao uso de ação cautelar inominada (CPC, art. 798), por força da qual poderia o juiz, no exercício do seu poder geral de cautela, conceder esse efeito ao recurso do solicitante da medida, desde que se convencesse quanto à possibilidade de dano iminente ao direito deste, irreparável ou de difícil reparação.

A diferença que havia, quanto ao tema, entre a ação de segurança e a cautelar estava em que aquela pressupunha a existência de um direito líquido e certo, vale dizer, cuja prova deveria ser feita de maneira cabal, por meio de documento, já com a petição inicial, ao passo que esta se satisfazia com a presença de simples aparência (*fumus*) de direito. Assim, eventual concessão de providência cautelar, com a finalidade de atribuir efeito suspensivo a recurso, não colidiria, necessariamente, com o art. 899, *caput,* da CLT, na medida em que o solicitante da providência não precisaria invocar a existência de direito líquido e certo, e, sim, de mera aparência de direito.

Ressaltávamos que a cognição jurisdicional, no campo da liminar cautelar, era de simples verossimilhança, supondo-se, pois, que o autor pudesse provar, no curso do próprio processo cautelar, o fato alegado. Já a cognição, no âmbito da ação de segurança, era exaustante, porque traduzia um juízo de certeza, e, não, de simples verossimilhança ou de probabilidade.

Por outro lado, admitido o manejo da ação cautelar inominada para colar efeito suspensivo a recurso, e concedida essa medida em caráter liminar, haveria uma espécie de equilíbrio de situações, pois, se, de um lado, essa liminar não deixava de constituir uma forma de contornar a declaração estampada no art. 899, *caput,* da CLT, de outro, permitia que fosse impugnada mediante ação de segurança, podendo, por isso, o relator cassar, de plano, aquela liminar acautelatória, fazendo, desse modo, com que fosse preservada a supremacia daquele dispositivo do processo do trabalho. Haveria aí, portanto, um equilibrado sistema de freios e contrapesos, segundo o qual a liminar cautelar poderia ser cassada por outra, emitida na ação de segurança.

Lembrávamos, ainda, que, no campo das ações coletivas ("dissídios coletivos", segundo a expressão consagrada), a ação cautelar inominada vinha sendo posta em uso, com frequência, para atribuir efeito suspensivo ao recurso ordinário interposto do acórdão proferido em tais processos.

Em sede cautelar, aliás, quase tudo era possível, inclusive, o sobrestamento da execução da sentença rescindenda, em virtude da plasticidade natural das medidas dessa natureza, para cuja concessão não se exigia mais do que a mera aparência de direito. Os direitos, contudo, que se pretendam ver tutelados por meio de ação de segurança, deveriam ser líquidos e certos, ou seja, decorrentes de um fato inequívoco, capaz, por esse motivo, de ser comprovado mediante documentos juntados à petição inicial.

Justamente por isso é que não admitíamos a possibilidade de o mandado de segurança ser empregado para dar efeito suspensivo a recurso trabalhista. Com vistas à obtenção desse efeito, a ação cautelar inominada era o caminho menos inadequado.

Todas estas nossas considerações, expendidas no passado, foram aqui rememoradas para demonstrar que, de algum modo, influenciaram a adoção da Súmula n. 414, inciso I, parte final, pelo TST (ex-OJ n. 51 da SBDI-2), em cuja redação primitiva se lia: "A ação cautelar é o meio próprio para se obter efeito suspensivo a recurso".

Com a entrada em vigor do CPC de 2015, a redação da Súmula n. 414 foi alterada, afastando, *aparentemente*, o uso de medida cautelar inominada para a obteção de efeito suspensivo a recurso. Dos três itens que integram a Súmula, merecem ser reproduzidos, neste momento, os dois primeiros: "I – A tutela provisória concedida na sentença não comporta impugnação pela via do mandado de segurança, por ser impugnável mediante recurso ordinário. É admissível a obtenção de efeito suspensivo ao recurso ordinário mediante requerimento dirigido ao tribunal, ao relator ou ao presidente ou ao vice-presidente do tribunal recorrido, por aplicação subsidiária ao processo do trabalho do artigo 1.029, § 5º, do CPC de 2015. II – No caso de a tutela provisória haver sido concedida ou indeferida antes da sentença, cabe mandado de segurança, em face da inexistência de recurso próprio. III – (...).

Duas observações acerca do item I da Súmula se impõem: a) conforme deixamos exarado em linhas pretéritas, a referência feita pela Súmula ao art. 1.029, § 5.º, do CPC é, tecnicamente, inadequada, pois a sobredita norma legal se ocupa apenas dos recursos especial e extraordinário. A Súmula deveria ter feito alusão, por esse motivo, ao art. 995, parágrafo único, do CPC, que trata da atribuição de efeito suspensivo *aos recursos em geral*; ou ao art. 1.012, § 3.º; b) a nosso ver, a Súmula se ocupa apenas da competência da autoridade judiciária para decidir sobre o efeito do recurso; assim, respeitada a competência, a medida judicial adequada terá natureza cautelar (CPC, art. 301).

2. Desrespeito à remessa *ex officio*

Por força do disposto no art. 1.º, V, do Decreto-Lei n. 779, de 21 de agosto de 1969, constitui prerrogativa das pessoas jurídicas ali indicadas, entre outras, o reexame necessário das sentenças que lhes forem desfavoráveis, no todo ou em parte. Como a lei fala em *recurso ordinário (sic)*, esse reexame fica restrito às sentenças emitidas nos processos de conhecimento e cautelar, pois as proferidas no de execução são impugnáveis por meio de agravo de petição (CLT, art. 897, *a*).

O processo civil contém disposição semelhante, como demonstra o seu art. 496.

Deve ser dito que, opostamente ao sustentado por certo segmento da doutrina, o art. 5.º, *caput*, da atual Constituição Federal não revogou o Decreto-Lei n. 779/1969, ao declarar que todos são iguais perante a lei, "sem distinção de qualquer natureza". O que pretendeu o constituinte, com essa declaração de princípio, foi impedir que pessoas situadas em um mesmo plano de igualdade natural pudessem ser discriminadas, umas com relação às outras. É evidente, entretanto, que não podem ser colocados no mesmo plano os interesses público e particular. A própria Constituição da República, em muitos momentos, demonstra haver separado essas duas áreas, como quando, por exemplo, mantendo inveterada tradição, afirma que a cobrança de dívidas junto à Fazenda Pública deve ser efetuada mediante precatório-requisitório (art. 100), e não sob a forma de execução por quantia certa traçada pelos arts. 876 a 888 da CLT. A única exceção está prevista no § 3.º do art. 100 da CF.

Admitamos que o juiz imponha, mediante sentença, determinada condenação à Fazenda Pública, mas deixe de remeter os autos ao tribunal para efeito de reexame necessário, seja por inadvertência, seja por entender que a ré não era destinatária das prerrogativas instituídas pelo citado Decreto-Lei. Nesta hipótese, ainda que a Fazenda Pública se sinta convencida de que essa norma legal lhe confere o direito líquido e certo de ver a sentença condenatória apreciada pelo tribunal, não deverá fazer uso da ação de segurança. Justifiquemo-nos. Esta ação não é incabível, apenas, quando o ato judicial puder ser impugnado mediante recurso administrativo com efeito suspensivo ou recurso judicial ou correição parcial, mas sempre que, de algum modo, o sistema processual contiver um mecanismo pelo qual se possa fazer com que o direito da parte seja respeitado.

No caso em tela, a falta de remessa dos autos ao tribunal, com vistas ao reexame necessário, ou mesmo a deliberada recusa do juiz quanto a essa remessa, permitirá que a parte interessada se dirija ao presidente do tribunal, por intermédio de simples petição, para, alertando-o quanto ao fato, solicitar-lhe que avoque os autos, como determina o art. 496, § 1.º, do CPC.

Entendemos, por esse motivo, que o uso da ação de segurança, na situação em estudo, implicará desnecessário dispêndio de atividade jurisdicional, porquanto aquilo que a parte deseja conseguir por meio do *mandamus* será perfeitamente obtenível mediante petição encaminhada diretamente ao presidente do tribunal, a fim de que chame a si os autos, com o objetivo de, em seguida, ordenar a sua distribuição a um relator e a um revisor, na forma regimental, e, desse modo, fazer prevalecer o comando que se irradia do art. 1.º, V, do Decreto-Lei n. 769/1969.

Somente se, por alguma razão que não vem ao caso investigar, o presidente do tribunal se negasse a avocar os autos é que a Fazenda Pública estaria liberada para fazer uso da ação de segurança, oportunidade em que impugnaria o ato do juiz que deixou de proceder à remessa *ex officio*, para o reexame necessário.

Percebe-se, pois, que o emprego da ação de segurança, antes de tentar-se fazer com que o presidente do tribunal avocasse os autos, seria, não propriamente, inadequado, mas inoportuno.

3. Por terceiro

Certo setor da jurisprudência trabalhista tem se manifestado algo receptivo à possibilidade de alguém, que, não sendo parte no processo, vier a sofrer penhora de seus bens, impetrar mandado de segurança para libertá-los da constrição judicial.

Dissentimos desse entendimento.

Concessa venia, se, por definição, a pessoa não figurava como parte na relação jurídica processual, mas, mesmo assim, sofreu turbação ou esbulho na posse dos seus bens, em decorrência de penhora ou de qualquer outra forma de apreensão judicial, é elementar que deverá se valer dos embargos de terceiro, previstos nos arts. 674 a 681 do diploma processual civil.

Não se diga que a ação de segurança seria imprescindível, em face da necessidade que possui o terceiro de ser levantada a penhora. Em primeiro lugar, o simples fato de ajuizar essa ação não significa a certeza de que a liminar será concedida pelo relator; em segundo, o art. 678 do CPC declara que "A decisão que reconhecer suficientemente provado o domínio ou a posse determinará a suspensão das medidas constritivas sobre os bens litigiosos objeto dos embargos, bem como a manutenção ou a reintegração provisória da posse, se o embargante a houver requerido". Desse modo, suspensa a expropriação judicial dos bens pertencentes ao terceiro, até que os seus embargos sejam definitivamente julgados, este não terá por que temer, uma vez que tais bens permanecerão integrados ao seu patrimônio.

Uma das poucas possibilidades em que se poderá aceitar a ação de segurança, quando a penhora incidir em bens de terceiros, surgirá no caso de o juiz determinar a remoção desses bens, de maneira a violar, com essa ordem, um direito líquido e certo deste, e, com isso, causar-lhe dano irreparável. Aqui, como se percebe, o *mandamus* não teria como finalidade liberar os bens apreendidos, mas impedir a remoção.

A ação de segurança não pode ser utilizada como sucedâneo arbitrário dos embargos de terceiros, dos embargos do devedor ou de qualquer outra figura processual, cuja finalidade, legalmente prevista, seja específica. Sob certo aspecto, o emprego da ação de segurança, nesses casos, impediria não só que o próprio juiz da execução pudesse examinar as razões do terceiro (considerando-se que o julgamento da mencionada ação entra na competência originária do tribunal), mas, também, que o credor se manifestasse a respeito, com o escopo de fornecer ao magistrado argumentos ou documentos capazes de demonstrar que o impetrante não é terceiro ou que os bens não lhe pertencem; que houve fraude à execução e o mais.

A ação de segurança não pode, enfim, ser adotada como uma espécie de pedra angular ou de panaceia para todas as situações em que um terceiro tem o seu patrimônio apreendido, no todo ou em parte, por ato judicial, até porque essa modalidade de ação foi instituída para promover a defesa de direitos líquidos e certos, ou seja, que derivem de fatos inequívocos passíveis de ser comprovados, de plano, por meio de documentos (prova pré-constituída).

A defesa da posse ou da propriedade dos bens do terceiro, turbadas ou esbulhadas em decorrência de apreensão judicial, deve ser empreendida, portanto, por intermédio dos embargos que lhe são próprios. Se, todavia, o juiz não atribuir efeito suspensivo a esses embargos, e, em razão disso, remeter os bens à expropriação, nascerá, para o terceiro, provavelmente, a ensancha de impetrar mandado de segurança contra esse ato, bastando-lhe demonstrar a existência de um seu direito líquido e certo de não ver expropriados os bens, sem que os seus embargos recebam decisão definitiva. A liquidez e a certeza do direito, na espécie, estão materializadas no art. 678 do CPC.

Conquanto, em princípio, se pudesse imaginar que o embargante deveria fazer uso do agravo de petição, pois a decisão judicial se deu no processo de execução, essa ideia fica afastada pela manifesta impossibilidade de esse recurso propiciar, com a urgência que o caso reclama, a cassação do ato judicial, consistente na remessa dos bens à expropriação na pendência dos embargos oferecidos pelo terceiro.

4. Penhora de bens do devedor

A ordem preferencial, para efeito de penhora de bens do devedor, é a fixada pelo art. 835 do CPC de 2015, ao qual o art. 882 da CLT faz remissão.

Nessa ordem, o dinheiro, por motivos óbvios, foi colocado em primeiro lugar, seja em espécie, em depósito ou aplicação em instituição financeira, seguindo-se estes outros: II – títulos da dívida pública da União, dos Estados e do Distrito Federal com cotação em mercado; III – títulos e valores mobiliários com cotação em mercado; IV – veículos de via terrestre; V – bens imóveis; VI – bens móveis em geral; VII – semoventes; VIII – navios e aeronaves; IX – ações e quotas de sociedades simples e empresárias; X – percentual do faturamento de empresa devedora; XI – pedras e metais preciosos; XII – direitos aquisitivos derivados de promessa de compra e venda e de alienação fiduciária em garantia; XIII – outros direitos.

A prática tem demonstrado, entretanto, que alguns devedores, citados para a execução, costumam indicar bens à penhora sem atender à ordem preferencial estabelecida pelo art. 835 do estatuto processual civil, fazendo com que o juiz, acertadamente, rejeite a indicação e ordene a apreensão de bens de acordo com aquela ordem legal, na qual, como vimos, o dinheiro figura em primeiro plano.

Diante disso, os devedores têm impetrado mandado de segurança.

Uma dessas situações ocorre, por exemplo, com os devedores que, na execução definitiva, preferem oferecer à penhora não dinheiro, mas outros bens, como, *v.g.*, títulos da dívida pública.

Data venia, se algum direito líquido e certo deve ser invocado em tais episódios, esse direito é, sem dúvida, *do credor*, e está representado pelo art. 882 da CLT, combinado com o art. 835 do CPC. Note-se que a disposição contida no texto trabalhista, de que se o devedor não pagar a quantia que constitui objeto da execução, poderá garanti-la mediante o depósito correspondente, atualizado e acrescido das despesas processuais que houver, ou nomear bens à penhora, "observada a ordem preferencial estabelecida no art. 655 do Código de Processo Civil" (art. 835 do CPC de 2015), é *imperativa*, e, não, facultativa. Por outras palavras, a lei *manda* que o devedor atenda à referida ordem preferencial; não diz, pois, que ele a respeitará *se assim o desejar* – até porque a execução se processa, sempre, no interesse do credor, conforme o princípio inscrito no art. 797 do CPC.

O credor tem, por isso, preeminência jurídica, ficando o devedor em um ontológico estado de sujeição ao comando que se esplende da sentença exequenda e das correspondentes transformações que ela se destina a realizar no terreno da realidade prática, nomeadamente, de caráter patrimonial.

Seria, nimiamente, desarrazoado, além disso, imaginar que o devedor tivesse um direito líquido e certo de nomear à penhora os bens que desejasse, sem acatar a ordem preferencial fixada pelo art. 835 do CPC, porquanto isso implicaria, em última análise, reconhecer-lhe o direito de agir contrariamente à lei.

A nomeação de bens, feita mediante transgressão do art. 835 do CPC, permitirá ao credor requerer a substituição da penhora, como declara o art. 848, I, do mesmo Código. Fique claro, pois, que somente ao credor será lícito, segundo a sua conveniência: a) aceitar que o devedor indique bens à penhora em desconformidade com a ordem ditada pelo art. 835 do digesto de processo civil; b) indicar bens à penhora sem obedecer à precitada ordem legal.

É elementar que algo de estranho haverá na eventual declaração do credor de que prefere, *e.g.*, móveis ou semoventes a dinheiro, de maneira a exigir que o magistrado lhe solicite maiores esclarecimentos a respeito dessa sua curiosa preferência.

Seja como for, o fato é que o devedor não tem o direito – quanto mais líquido e certo – de oferecer bens à penhora em desrespeito à ordem estabelecida pelo art. 835 do CPC, motivo por que a ação de segurança se revela totalmente inadequada para promover a defesa desse seu suposto "direito", exceto se estivermos dispostos a aceitar a ideia incômoda e perturbadora de que ele detenha, efetivamente, o direito líquido e certo de agir de maneira contrária ao texto inequívoco da lei.

O TST, porém, passou a entender, na vigência do CPC de 1973, que, em se tratando de execução *provisória*, o devedor possuiria o *direito líquido e certo* de não sofrer penhora de dinheiro, desde que houvesse indicado outros bens (Súmula n. 417, inciso III, ex-OJ n. 62 da SDI2). O fundamento era o de que a execução deveria processar-se de modo menos gravoso para o devedor (CPC, art. 620). Sempre divergimos dessa orientação do TST, argumentando que o art. 655 do CPC, ao indicar a ordem preferencial dos bens penhoráveis, não fazia nenhuma ressalva quanto ao fato (presumido) de as suas disposições serem aplicáveis, apenas, à execução definitiva – e não à provisória. A precitada Súmula traduzia, a nosso ver, uma *deferênia jurisdicional* ao devedor.

Já na vigência do CPC de 2015, o TST reformulou o teor da Súmula n. 417, deixando de lado o antigo entendimento, nela estampado, e com o qual não concordávamos. Eis a nova redação da Súmula: "MANDADO DE SEGURANÇA. PENHORA EM DINHEIRO (alterado o item I, atualizado o item II e cancelado o item III, modulando-se os efeitos da presente redação de forma a atingir unicamente as penhoras em dinheiro em execução provisória efetivadas a partir de 18.03.2016, data de vigência do CPC de 2015) – Res. 212/2016, DEJT divulgado em 20, 21 e 22.09.2016. I – Não fere direito líquido e certo do impetrante o ato judicial que determina penhora em dinheiro do executado para garantir crédito exequendo, pois é prioritária e obedece à gradação prevista no art. 835 do CPC de 2015 (art. 655 do CPC de 1973). II – Havendo discordância do credor, em execução definitiva, não tem o executado direito líquido e certo a que os valores penhorados em dinheiro fiquem depositados no próprio banco, ainda que atenda aos requisitos do art. 840, I, do CPC de 2015 (art. 666, I, do CPC de 1973). (ex-OJ n. 61 da SBDI-2 – inserida em 20.09.2000)".

5. Manifestação sobre cálculos

Elaborados os cálculos, pelo contador, o juiz não estará obrigado a conceder prazo às partes, para que se manifestem a respeito.

Pelo sistema a que temos denominado de *tradicional* – assim entendido o representado pelo art. 884, § 3.º, da CLT —, confeccionados os cálculos, o juiz os homologará (se não, mandará que sejam refeitos) e determinará a citação do devedor, para cumprir a prestação correspondente à obrigação contida no título executivo, ou nomear bens à penhora. Somente na fase dos embargos do devedor é que poderão as partes impugnar a denominada "sentença" de liquidação – que de sentença, em rigor, não se trata, e, sim, de decisão interlocutória.

A esse sistema idealizado pelo legislador trabalhista sempre dedicamos largos elogios, por estar afinado com os objetivos medulares da execução, que é o de fazer com que o devedor seja compelido a satisfazer, o quanto antes, a obrigação que lhe está afeta. Assim dizemos porque o devedor, para poder impugnar a "sentença" de liquidação, deve realizar a garantia patrimonial da execução, cuja providência atua como uma espécie de desestímulo para aqueles que pretendam procrastinar o curso da execução.

Com a redação dada pela Lei n. 8.432/1992 ao art. 879, § 2.º, da CLT, o juiz passou a ter a faculdade de abrir vistas às partes, pelo prazo sucessivo de dez dias, para que se pronunciem acerca dos cálculos do contador.

Opostamente ao que chegaram a pensar alguns comentaristas apressados, o art. 879, § 2.º, da CLT não revogou o art. 884, § 3.º, do mesmo texto legal, de tal modo que hoje há dois sistemas concernentes à liquidação mediante cálculos: a) o *tradicional,* de acordo com o qual as partes não se manifestam sobre os cálculos, podendo, todavia, impugnar a "sentença" de liquidação na fase dos embargos do devedor; b) o *novo,* consistente na faculdade que tem o juiz de conceder prazo às partes, para que falem a respeito dos cálculos.

Essas considerações foram necessárias porque já tivemos conhecimento de ação de segurança impetrada pelo devedor contra ato (supostamente omissivo) do juiz que não lhe concedeu (nem ao credor) prazo para manifestar-se sobre os cálculos do contador. Ora, como procuramos demonstrar, o juiz não está obrigado a conceder esse prazo, pois isso constitui uma sua indiscutível faculdade. Ao não permitir que as partes falem quanto aos cálculos, o magistrado está, na verdade, se mantendo fiel ao sistema *tradicional,* de que se ocupa o art. 884, § 3.º, da CLT, que, aliás, não contém os inconvenientes próprios do sistema *novo* (CLT, art. 879, § 2.º); este, entre outras coisas, permite a discussão a respeito dos cálculos, pelo devedor, sem que ele seja levado a garantir, patrimonialmente, a execução, de forma a abrir a possibilidade de o devedor dedicar-se à prática de atos procrastinatórios, por serem de sua conveniência.

O que importa destacar, entretanto, é o fato de que, no processo do trabalho, as partes não têm o direito líquido e certo de se manifestar acerca dos cálculos confeccionados pelo contador, pois a concessão de prazo para essa finalidade, como tantas vezes assinalamos, constitui *faculdade* do juiz – que, por isso, a exercerá segundo o seu prudente arbítrio.

Poder-se-ia cogitar de mandado de segurança, contudo, se o juiz, por motivos injustificados, concedesse prazo apenas ao credor, para se manifestar sobre os cálculos do contador. Nesta hipótese, o magistrado estaria quebrando o seu dever de neutralidade, imposto pelo art. 139, I, do CPC, que não se circunscreve, como se possa pensar, ao processo de conhecimento. A particularidade de o credor possuir preeminência jurídica, em face de a execução processar-se no interesse daquele (CPC, art. 797), não autoriza o juiz a afastar-se do seu ontológico dever de imparcialidade, a ponto de tornar-se discriminador, prepotente e faccioso, ou seja, uma espécie de führer do processo da execução.

CAPÍTULO XIII

OS REGIMENTOS INTERNOS DOS TRIBUNAIS

1. Comentário

O art. 27 da Lei n. 12.016/2009 determinou que os regimentos internos dos tribunais e, no que coubesse, as leis de organização judiciária se adaptassem às disposições da referida norma legal no prazo de cento e oitenta dias, contado da sua publicação.

Essa adaptação foi necessária não apenas para assegurar a preeminência da Lei em face de normas *interna corporis* como para dar segurança jurídica aos jurisdicionados.

Uma das disposições que poderiam ser inseridas nos regimentos internos dos tribunais seria a que dispensasse de autenticação as cópias dos documentos a serem remetidas à autoridade apontada como coatora. Esta nossa sugestão poderia revelar-se desncessária aos olhos de certas pessoas, tendo em conta o fato de o art. 830 da CLT permitir que o advogado declare, de próprio punho e sob sua responsabilidade pessoal, serem autênticas as cópias dos documentos oferecidos como prova. E, ainda, que a Lei n. 12.016/2009 não impõe essa autenticação. Ocorre que determinados setores da jurisprudência trabalhista vêm entendendo – contra nossa opinião – que essa disposição da CLT somente seria aplicável ao processo e às ações por ela expressamente reguladas. É esse mesmo segmento jurisprudencial que exige, por exemplo, a autenticação das cópias que instruem as petições relativas à ação rescisória. A nosso ver, falta sensibilidade aos que assim entendem. Não há justificativa técnica, política, lógica ou de qualquer outra natureza para restringir a incidêcia do art. 830 da CLT. No caso específico da ação de mandado de segurança, ainda mais se justifica a aplicação desta norma legal, considerando-se a urgência que, muitas vezes, assinala a necessidade de obtenção de um provimento jurisdicional destinado a impedir a lesão de direito líquido e certo ou restabelecer a plenitude desse direito. Note-se que o próprio *mandamus*, nos casos de urgênca, pode ser impetrado por telegrama, radiograma, fac-símile ou outro meio eletrônico. O fato de este meio eletrônico ser de "autenticidade comprovada" nada tem a ver com a autenticação formal de cópias de documentos.

Nunca é inútil lembrar a vetusta advertência de que embora a formalidade seja algo necessário ao processo, o *formalismo* constitui uma aberração, uma anomalia – quanto mais não seja, no âmbito do processo do trabalho, em que ainda vigora o *ius postulandi* (CLT, art. 791, *caput*).

Uma outra sugestão que fazemos, com vistas aos regimentos internos dos tribunais, consiste na definição sobre ser admissível, ou não, no processo de mandado de segurança, o incidente de falsidade material de documento, de que tratam os arts. 430 a 433 do CPC. Pela nossa parte, julgamos ser inadmissível. O procedimento pertinente à ação mandamental deve ser extremamanete célere, não devendo ser embaraçado por incidentes. Basta ver que o incidente pode desaguar em exame pericial (CPC, art. 432, *caput*). Todos sabemos que os exames periciais consomem um enorme período de tempo, porquanto envolvem designação de perito, apresentação de quesitos, elaboração e juntada do laudo; manifestações sobre o laudo, sem nos esquecermos da faculdade que o juiz possui de determinar a realização de nova perícia (CPC, art. 480).

Ainda: bem fará o regimento interno se, reiterando a regra inscrita no art. 20 da Lei n. 12.016/2009, contiver disposição de que os processos de mandado de segurança e os respectivos recursos terão prioridade sobre todos os atos processuais, exceto em relação ao *habeas corpus*.

O regimento interno, contudo, não poderá vedar a sustentação oral nos julgamentos das ações mandamentais, porquanto esse direito está assegurado no art. 16 da Lei n. 12.016/2009, que faz inadequada referência à "defesa oral". A propósito, o que a norma *interna corporis* do tribunal poderá proibir é a sustentação oral, por exemplo, em embargos declaratórios ou em agravo regimental interpostos da decisão proferida em processo de mandado de segurança.

Dir-se-á, talvez, que o advogado tem direito de realizar sustentação oral na sessão de julgamento de qualquer processo, por força do disposto no inciso X do art. 7.º da Lei n. 8.906, de 04.07.1994 (Estatuto da OAB), assim redigido: "sustentar oralmente as razões de qualquer recurso ou processo, nas sessões de julgamento, após o voto do relator, em instância judicial ou administrativa, pelo prazo de 15 (quinze) minutos, salvo se prazo maior for concedido". Ocorre que o STF, na ADI 1.105-7, em sessão de 03.08.1994, concedeu medida liminar, por maioria de votos, para "suspender, até decisão final da ação, a eficácia do incixo X do art. 7.º da Lei 8.904/1994".

Enfim, a Lei n. 12.016/2009 deixou alguns espaços para serem preenchidos pelas normas *interna corporis* dos tribunais, desde que essa colmatação, por assim dizer, não conflite com a Lei.

